Gruppenarbeit mit Angehörigen von Demenzkranken

Gruppenarbeit mit Angehörigen von Demenzkranken

Gruppenarbeit mit Angehörigen von Demenzkranken

Ein therapeutischer Leitfaden

von

Gabriele Wilz, Corinne Adler
und Thomas Gunzelmann

Hogrefe · Verlag für Psychologie
Göttingen · Bern · Toronto · Seattle

Dr. Gabriele Wilz, geb. 1966. 1986-1993 Studium der Psychologie in Marburg. 1998 Promotion. Seit 1998 Wissenschaftliche Assistentin an der Abteilung für Medizinische Psychologie und Medizinische Soziologie der Universität Leipzig. Tätigkeit als Psychotherapeutin sowie in der Aus- und Weiterbildung von Verhaltenstherapeuten. *Forschungsschwerpunkte:* Coping, Krankheitsverarbeitung, Tagebuchverfahren, Belastungen von Angehörigen von Demenz- und Schlaganfallpatienten, Gruppentherapiekonzepte für Angehörige.

Dr. rer. nat. Corinne Adler, geb. 1962. 1980-1988 Studium der Klinischen Psychologie und Forschungsstudium an der Universität Leipzig. 1988 Promotion. 1989-1996 Wissenschaftliche Mitarbeiterin an den Universitäten Erlangen-Nürnberg und Leipzig. Seit 1996 Psychologin am Klinikum Nürnberg, Klinik für Psychosomatik und Psychotherapeutische Medizin. *Arbeitsbereich:* Geriatrische Tagesklinik, Ausbildung in analytischer Paar-, Familien- und Sozialtherapie.

Dr. phil. Thomas Gunzelmann, geb. 1961. 1980-1986 Studium der Psychologie in Erlangen-Nürnberg, Würzburg und Bamberg und danach Aufbaustudium der Psychogerontologie an der Universität Erlangen-Nürnberg. 1991 Promotion. Anschließend Berufstätigkeit am Institut für Psychogerontologie an der Universität Erlangen-Nürnberg und an der Abteilung für Medizinische Psychologie und Medizinische Soziologie der Universität Leipzig. Seit 1997 Tätigkeit am Seniorenamt der Stadt Nürnberg in der psychosozialen Beratung alter Menschen und der Entwicklung von Konzepten und Projekten der offenen Altenarbeit. Außerdem wissenschaftliche Honorartätigkeit an den Universitäten Erlangen-Nürnberg und Leipzig.

Die Deutsche Bibliothek – CIP-Einheitsaufnahme

Ein Titeldatensatz für diese Publikation ist bei Der Deutschen Bibliothek erhältlich.

© by Hogrefe-Verlag, Göttingen • Bern • Toronto • Seattle 2001
Rohnsweg 25, D-37085 Göttingen

http://www.hogrefe.de
Aktuelle Informationen • Weitere Titel zum Thema • Ergänzende Materialien

Gesamtherstellung: Dieterichsche Universitätsbuchdruckerei
W. Fr. Kaestner GmbH & Co.KG, D-37124 Göttingen/Rosdorf
Printed in Germany
Auf säurefreiem Papier gedruckt

ISBN 3-8017-1340-7

„*Zum heutigen Tag möchte ich notieren, dass heute wieder ein Treffen mit der Angehörigengruppe stattfand. Ich konnte wieder meine Sorgen und Fragen vortragen.*
Von einer Woche zur anderen komme ich langsam dazu, die Probleme mit meiner Mutter besser aufzunehmen und zu bewältigen und auch zu begreifen."

(Tagebuchaufzeichnung einer Gruppenteilnehmerin)

Inhaltsverzeichnis

Danksagung 11

I Theoretische Grundlagen

Kapitel 1: Einführung 15
1.1   Hintergrund und Ziele des Leitfadens 15
1.2   Pflegende Angehörige als therapeutische Zielgruppe 16

Kapitel 2: Demenz: Epidemiologie, diagnostische Kriterien,
Differentialdiagnostik, Symptomatik und Verlauf 18
2.1   Demenzformen 18
2.2   Prävalenz und Inzidenz 18
2.3   Diagnostische Kriterien 19
2.4   Ursachen und medikamentöse Therapie der Demenz vom Alzheimer Typ 20
2.5   Symptomatik und Krankheitsverlauf der Demenz vom Alzheimer Typ 21
2.6   Psychologische Faktoren der Demenz: Demenz als Verlust 22
2.7   Demenz in sozialen Beziehungen 24

Kapitel 3: Demenz als Familienkrankheit 25
3.1   Demenz im System Familie 25
3.2   „Man ist verheiratet und man ist es nicht" – Demenz in der Ehebeziehung 26
3.3   „Etwas erstirbt in mir" – Demenz in der Eltern-Kind-Beziehung 27
3.4   Persönlichkeitsmerkmale, Beziehungsmuster und Demenz 28

Kapitel 4: Belastungserleben und Belastungsverarbeitung 30
4.1   Belastungserleben pflegender Angehöriger 30
4.2   Belastungsverarbeitung pflegender Angehöriger 32
      4.2.1   Forschungsstand 32
      4.2.2   Ergebnisse eigener Einzelfallstudien 32

Kapitel 5: Erfahrungen und Ergebnisse zur therapeutischen Gruppenarbeit 36
5.1   Stand der Therapieforschung zur Effektivität von Angehörigengruppen 36
5.2   Evaluation der Gruppenarbeit auf quantitativer Basis 37
5.3   Subjektive Zufriedenheit der Angehörigen – Ergebnisse aus den
      Angehörigengruppen 38

II Organisation und Vorbedingungen

Kapitel 6: Organisatorische Voraussetzungen 43
6.1 Öffentlichkeitsarbeit 43
6.2 Telefonsprechstunde 43
6.3 Voraussetzungen für eine Beratungsstelle 43

Kapitel 7: Vorbereitendes Einzelgespräch 44
7.1 Erste Entlastung 44
7.2 Unsicherheit abbauen 44
7.3 Diagnostische Funktionen 45
7.4 Aufbau der Klient-Therapeut-Beziehung 46

Kapitel 8: Setting 49
8.1 Gruppenleitung 49
8.2 Teilnehmerzahl 49
8.3 Gruppenform 49
8.4 Homogenität der Gruppe 49
8.5 Zeitlicher Rahmen 50
8.6 Gruppenraum 50
8.7 Parallele Betreuungsgruppe für DemenzpatientInnen 50

III Therapie

Kapitel 9: Therapeutisches Konzept 53
9.1 Allgemeine Aspekte der therapeutischen Gruppenarbeit 53
    9.1.1 Therapeutische Grundhaltungen und Einstellungen 53
    9.1.2 Therapeutische Ansätze 55
    9.1.3 Ziele der Gruppenarbeit 57
9.2 Inhalte und Struktur der Gruppenarbeit 58
    9.2.1 Chronologie der Themenschwerpunkte 58
    9.2.2 Struktur der Sitzungen 59
    9.2.3 Führungsstil 60
    9.2.4 Einführung in die Gruppenarbeit – Die erste Gruppensitzung 60

Kapitel 10: Spezifische therapeutische Verfahren 62
10.1 Psychoimaginative Entspannung 63
    10.1.1 Einführung 63
    10.1.2 Imaginationen zur wohltuenden Entspannung und zu positivem Erleben . . . 64

    10.1.3 Imaginationen zur Einleitung therapeutischer Themen und/oder
           Konzentrationslenkung auf spezifische Themen 65

    10.1.4 Akzeptanz der Übungen 66

10.2 Information und Wissensvermittlung 70

    10.2.1 Gründe für den psychoedukativen Ansatz 70

    10.2.2 Information über die Krankheitssymptomatik 70

    10.2.3 Psychologisches Verständnis für demenzkranke Menschen 71

    10.2.4 Leitlinien des Umgangs mit dem erkrankten Menschen 72

    10.2.5 Informationen über finanzielle und pflegerische Hilfen. 72

    10.2.6 Weiterführende Literatur, Ratgeber und Broschüren 73

10.3 Problemlösekonzept 91

    10.3.1 Einführung 91

    10.3.2 Leitlinien des therapeutischen Verhaltens 91

    10.3.3 Problem- und Zieldefinition 92

    10.3.4 Sammeln von Lösungsmöglichkeiten 94

    10.3.5 Bewerten der Lösungsmöglichkeiten 95

    10.3.6 Planung und Umsetzung der Lösungsmöglichkeiten 95

    10.3.7 Therapeutische Interventionen im Spannungsfeld zwischen den
           Belastungsgrenzen der Angehörigen und der Pflege des Erkrankten. 97

10.4 Kognitives Umstrukturieren 100

    10.4.1 Einführung 100

    10.4.2 Veränderung dysfunktionaler Gedanken 100

    10.4.3 Einfluss bewertender Gedanken auf die emotionale Befindlichkeit und
           das Belastungserleben. 102

    10.4.4 Bewältigung von Problemsituationen mittels positiver Selbstinstruktionen. . 103

10.5 Familiensystemischer Ansatz 105

    10.5.1 Demenzerkrankung als untypische Belastung für eine Familie –
           Belastungen und Ressourcen 105

    10.5.2 Ziele familientherapeutischer Intervention. 106

    10.5.3 Anwendung familientherapeutischer Prinzipien in der Angehörigenarbeit. . 106

Kapitel 11: Probleme im Gruppenverlauf 110

11.1 Belastung durch die Konfrontation mit fortgeschrittenen Stadien der Demenz. . . . 110

11.2 Überredung von TeilnehmerInnen durch Gruppenmitglieder 111

11.3 Übersiedlung ins Heim und Tod dementer Familienmitglieder 112

11.4 Abbrüche 113

11.5 Unerwartete Beratungsverläufe 113

Kapitel 12: Betreuungsgruppe 114

12.1 Einführung 114

12.2 Raumgestaltung und Atmosphäre 114

12.3 Materialen 115

12.4 Ablauf 115

12.5 Inhalte 115

12.6 BetreuerInnen 117

12.7 Umgang mit Demenzkranken in Gruppen 117

    12.7.1 Demenz als Verlust 117

    12.7.2 Kontinuität des zeitlichen Erlebens 117

    12.7.3 Kompetenz in Alltagsfertigkeiten 118

    12.7.4 Kongruenz des eigenen Erlebens mit dem der Gesunden 119

    12.7.5 Kommunikationsfähigkeit 119

Kapitel 13: Von der Gruppenarbeit zur Einzel-Psychotherapie 121

Kapitel 14: Fortführung als Selbsthilfegruppe 123

14.1 Bedingungen zur Förderung einer Selbsthilfegruppe 123

14.2 Organisatorische Voraussetzungen 123

14.3 Zeitlicher Rahmen 123

Kapitel 15: Dokumentation und Supervision 124

15.1 Dokumentation der Gruppensitzungen 124

15.2 Supervision der Gruppenarbeit 124

Literatur 128

Nun also kam sie in das weiße Land, wo es die Zeit nicht gab. Sie wußte nicht, wo ihr Bett stand oder wie alt sie war. Aber sie fand eine neue Art, sich zu verhalten, und bat mit demütigem Lächeln um Nachsicht. Wie ein Kind. Und wie ein Kind war sie weit offen für Gefühle und für alles, was an wortloser Verständigung zwischen Menschen möglich ist.

[aus: M. Fredriksson (2000). Hannas Töchter. Frankfurt/M.: Fischer Taschenbuch Verlag, S. 11]

Danksagung

Dieser therapeutische Leitfaden entstand als Ergebnis unserer Arbeit mit Angehörigen von Demenzpatienten. Viele Menschen waren unmittelbar oder mittelbar daran beteiligt, dass diese Arbeit möglich wurde und wir sie in der nun vorliegenden Form darstellen können. Ihnen möchten wir an dieser Stelle danken.

Elmar Brähler hat es uns ermöglicht, dass wir in seiner Abteilung für Medizinische Psychologie und Medizinische Soziologie der Universität Leipzig die Alzheimer Beratung Leipzig aufbauen konnten. Er hat uns mit großem Vertrauen die notwendigen zeitlichen, materiellen und ideellen Freiräume gegeben, um in einer wissenschaftlich anregenden und persönlich angenehmen Arbeitsatmosphäre unsere Vorstellungen zu entwickeln, in die Praxis umzusetzen und wissenschaftlich zu evaluieren.

Unsere KollegInnen Cornelia Machold und Jörg Schumacher haben uns dabei hilfreich begleitet – als Ko-TherapeutInnen in einigen Gruppen, durch die Unterstützung bei der Durchführung von Interviews mit Angehörigen, durch ihre Ideen und die Bereitschaft zum Gespräch über unser Vorgehen.

Wichtige Anregungen, neue Perspektiven und Weiterentwicklungen für unsere Arbeit erfuhren wir durch die Supervision bei Jens Bruder. Er hat unsere Arbeit stets mit großem Interesse und Einfühlsamkeit verfolgt und unser Verständnis für pflegende Angehörige in mancher Hinsicht erweitert.

Annett Emmrich und viele StudentInnen der Medizin haben uns zuverlässig und mit hohem Engagement in der Leitung der Betreuungsgruppen unterstützt.

Unser ganz besonderer Dank gilt aber den vielen Angehörigen der dementiell erkrankten Menschen und diesen selbst, die sich ratsuchend an uns gewandt haben. Sie haben durch ihr Vertrauen unsere Arbeit erst möglich gemacht und nicht selten zusätzliche Arbeit auf sich genommen, um uns Einblicke in ihre schwierige Situation und ihre Belastungen zu geben. Von ihnen konnten wir lernen, was es heißt, einen demenzkranken Menschen in der Familie zu versorgen.

Leipzig/Nürnberg, im Dezember 2000

Gabriele Wilz
Corinne Adler
Thomas Gunzelmann

I
Theoretische Grundlagen

Kapitel 1

Einführung

1.1 Hintergrund und Ziele des Leitfadens

Der vorliegende Leitfaden entstand aus unseren Erfahrungen mit der therapeutischen Tätigkeit an einer Beratungsstelle für pflegende Angehörige von dementiell erkrankten Menschen. In dieser Beratungsstelle – der Alzheimer Beratung Leipzig – führten wir im Zeitraum von Anfang 1994 bis Anfang 1996 über 200 Einzelberatungen und mehrere Angehörigengruppen durch. Im Rahmen dieser Tätigkeit wurde das therapeutische Vorgehen, das in diesem Leitfaden dargestellt ist, von uns entwickelt, praktisch umgesetzt und evaluiert.

Neben den Praxiserfahrungen gingen in den Leitfaden auch theoretische Überlegungen zur besonderen familiären Situation, zur Belastung und zur Belastungsverarbeitung von Angehörigen ein. Eine weitere Grundlage bildeten eigene Ergebnisse aus qualitativen Interviews, Fragebogenerhebungen sowie quantitativen und qualitativen Tagebuchstudien mit pflegenden Angehörigen (Adler et al., 1996; Gunzelmann et al., 1996; Wilz et al., 1997, 1999).

Die Arbeit wurde durch Mittel aus zwei Forschungsprojekten möglich, die wir zur Belastung, Gesundheitsförderung und Belastungsverarbeitung der Angehörigen von DemenzpatientInnen in den Jahren 1993 bis 1996 an der Universität Leipzig (Abteilung für Medizinische Psychologie und Medizinische Soziologie[1]) durchführten.

Der Leitfaden ist in drei große Abschnitte untergliedert:
- In Teil I des Leitfadens werden die theoretischen Grundlagen unseres Vorgehens soweit erläutert, wie es zum Verständnis des praktischen therapeutischen Vorgehens notwendig ist. Dieser Teil enthält außerdem grundlegende Informationen über das Krankheitsbild Demenz sowie die Situation pflegender Angehöriger. Darüber hinaus werden die wichtigsten Ergebnisse zur Wirksamkeit unseres thera-

peutischen Vorgehens dargestellt. Für weiterführende Erläuterungen verweisen wir auf die Literatur im Anhang.
- In Teil II des Leitfadens werden die notwendigen organisatorischen Rahmenbedingungen und Vorbereitungen für die Durchführung von Angehörigengruppen erläutert (z.B. Räumlichkeiten, zeitlicher Rahmen, Öffentlichkeitsarbeit).
- In Teil III wird das konkrete therapeutische Vorgehen beschrieben. Neben der Darstellung der Methoden der Gruppenarbeit enthält dieser Teil auch Arbeitsmaterialien für TherapeutInnen (z.B. Kopiervorlagen für die Erstellung von Overhead-Folien, Texte für Entspannungsübungen, geeignete Informationsmaterialien für Angehörige). Zahlreiche Fallbeispiele aus unserer praktischen Tätigkeit in Angehörigengruppen sollen die konkrete Umsetzung des Leitfadens illustrieren. Darüber hinaus enthält dieser Teil auch Hinweise und Anregungen für die Durchführung einer Betreuungsgruppe mit demenzkranken Menschen, die wir begleitend zu den Angehörigengruppen angeboten haben und die fester Bestandteil von Angehörigengruppen sein sollte.

Der Leitfaden stellt eine Anleitung für die therapeutische Gruppenarbeit mit Angehörigen von DemenzpatientInnen dar. Das theoretische Konzept des Leitfadens beruht auf psychotherapeutischen Prinzipien und Methoden, die im Wesentlichen aus der kognitiven Verhaltenstherapie und aus familiensystemischen Therapieansätzen stammen. Ergänzt werden diese durch ein psychoedukatives Vorgehen und durch Imaginationsübungen.

Die therapeutische Arbeit anhand des Leitfadens soll Angehörige dabei unterstützen,
- ein vertieftes Wissen und psychologisches Verständnis für den demenzkranken Menschen zu entwickeln, auf dem basierend sie mit diesem angemessen umgehen können,
- Probleme im Pflegealltag systematisch zu analysieren und strukturierte Lösungen hierfür zu erarbeiten und umzusetzen,
- den Krankheitsprozess auch unter einer systemischen Perspektive in seinen Auswirkungen auf das partnerschaftliche oder familiäre Sys-

---

[1] gefördert mit Mitteln des BMBF im Teilprojekt A 1 des Forschungsverbundes Public Health Sachsen und im Teilprojekt 2.25 im Forschungsverbund „Degenerative Erkrankungen des zentralen und peripheren Nervensystems"

tem zu verstehen und mit damit verbundenen Veränderungen umgehen zu lernen,
- Methoden zur Stressbewältigung zu erlernen,
- Selbsthilfepotentiale zu aktivieren und sich in der Gruppe gegenseitig zu unterstützen.

Der Leitfaden besteht aus verschiedenen methodischen „Bausteinen", die das therapeutische Vorgehen und den Umgang mit Problemen, die im Gruppenverlauf auftreten können, beschreiben. Diese spezifischen therapeutischen Verfahren sollen je nach individueller Problemlage der Angehörigen und je nach Gruppenverlauf flexibel eingesetzt und miteinander kombiniert werden. Eine feste Reihenfolge ist nicht vorgegeben. Teil III enthält aber Hinweise für einen möglichen Ablauf von Angehörigengruppen, der sich nach unserer Erfahrung bewährt hat.

Die Kombination unterschiedlicher therapeutischer Ansätze wird nach unserer Erfahrung der komplexen Situation pflegender Angehöriger von DemenzpatientInnen am ehesten gerecht (siehe Kapitel 9 „Therapeutisches Konzept" und Kapitel 10 „Spezifische therapeutische Verfahren"). Die verschiedenen therapeutischen Methoden werden prinzipiell als gleichwertig betrachtet, können aber je nach individueller Problemlage in verschiedenen Phasen des gruppentherapeutischen Prozesses unterschiedlich stark zum Tragen kommen.
Somit kann bei diesem Leitfaden weniger von originär-spezifischen Interventionen für pflegende Angehörige gesprochen werden, wohl aber von einer spezifischen Kombination und Integration von Methoden unterschiedlicher therapeutischer „Schulen", die auf die besondere Problemsituation der Angehörigen von DemenzpatientInnen angewandt werden.

Für zusätzliche Anregungen und Hinweise (z.B. für Betreuungsgruppen für Demenzkranke oder die Organisation von Angehörigenarbeit) verweisen wir auf das Praxishandbuch „Wege aus dem Labyrinth der Demenz", das von der Bundesarbeitsgemeinschaft Alten- und Angehörigenberatung e.V. (BAGA) in Kooperation mit der Alexianer Krankenhaus GmbH Münster herausgegeben wurde (Dirksen, Matip & Schulz, 1999).

1.2 Pflegende Angehörige als therapeutische Zielgruppe

Dementielle Erkrankungen wie die Alzheimer Krankheit stellen eine der häufigsten Ursachen für Pflegebedürftigkeit im Alter dar. Sie führen zu schweren Konzentrations-, Gedächtnis- und Orientierungsstörungen, zum Verlust der sprachlichen Fertigkeiten, zu Veränderungen der Persönlichkeit und der emotionalen Kontrolle, zu Inkontinenz, zu Einbußen der körperlichen Kontrolle sowie zum Verlust aller Alltagsfertigkeiten (siehe Kapitel 2 „Demenz: Epidemiologie, diagnostische Kriterien, Symptomatik und Verlauf"). Mindestens 80 Prozent der zum Teil schwerst behinderten und pflegebedürftigen Betroffenen werden von nahestehenden Angehörigen zu Hause versorgt, wobei in der Regel ein Familienmitglied die Hauptlast trägt.
Pflegende Angehörige von dementiell Erkrankten galten lange Zeit als die „versteckten Opfer" der Demenz (Zarit et al., 1985). Zum einen wird damit ausgedrückt, dass die Leistungen in der Versorgung und Betreuung von demenzkranken Familienmitgliedern nicht in ihrem tatsächlichen Ausmaß wahrgenommen und gewürdigt wurden. Zum anderen umschreibt diese Bezeichnung die mangelnde Berücksichtigung der Tatsache, dass eine dementielle Erkrankung nicht nur den erkrankten Menschen selbst betrifft, sondern in erheblichem Ausmaß auch die Angehörigen (siehe Kapitel 4 „Belastungserleben und Belastungsverarbeitung").

Trotz ihrer Belastung bringen pflegende Angehörige, die Beratung aufsuchen, die eigene Betroffenheit in der Regel (zunächst) nicht als Problem vor. Vielmehr stellen sie meist die Verhaltensstörungen und Persönlichkeitsveränderungen des erkrankten Menschen in den Vordergrund und erwarten aus der Beratung vordringlich praktikable Lösungen, um damit im Alltag umzugehen. Dies ist verbunden mit konkreten Fragen zu Ursachen, Symptomatik und Verlauf der Erkrankung.

Es würde der Komplexität der familiären Pflegesituation aber nicht gerecht werden, Angehörige lediglich in ihrer betreuenden, versorgenden und pflegenden Funktion zu sehen. Als Familienmitglieder sind sie Teil des Systems, das durch die dementielle Erkrankung verändert wird. Sie sind von diesen Veränderungen betroffen, gestalten aber auch selbst die Bedingungen mit, unter denen sich Auffälligkeiten des Verhaltens, Denkens und Erlebens dementiell erkrankter Angehöriger manifestieren.

Die Angehörigen
- stehen vor der Aufgabe, Lösungen für Probleme zu finden, die in der Alltagsgestaltung aufgrund der dementiellen Erkrankung eines Mit-

glieds eingetreten sind, an deren Verarbeitung das erkrankte Mitglied aufgrund der kognitiven Einschränkungen nicht mehr adäquat mitwirken kann und für die gewohnte Lösungsstrategien für alltägliche Probleme nicht mehr hilfreich sind; diese Anforderungen umfassen die alltägliche Versorgung und körperliche Pflege, den konstruktiven Umgang mit dementiell verändertem Verhalten, die Organisation des Pflegealltags und weiterer Verpflichtungen oder die Übernahme neuer Pflichten in der Familie, die der erkrankte Mensch nicht mehr übernehmen kann, und

– sie müssen psychische Anpassungsleistungen erbringen, um die tiefgreifenden Persönlichkeitsveränderungen und die damit verbundenen Veränderungen in der emotionalen Bindung an den erkrankten Menschen zu verarbeiten, das familiäre System neu zu organisieren und eine tragfähige Perspektive für die eigene persönliche Entwicklung zu finden. Diese kann durch den Verlust eines selbstständigen Partners oder Elternteils nachhaltigen Veränderungen unterliegen.

Um beiden Aspekten in der therapeutischen Hilfe gerecht zu werden, hat sich die
– Orientierung an verhaltenstherapeutischen (kognitiv-behavioralen) Grundprinzipien sowie die
– systemische Orientierung mit einer Sichtweise von Demenz als „Familienkrankheit"
als hilfreich erwiesen.

In den folgenden Kapiteln werden therapeutische Strategien aus beiden Ansätzen für die gruppentherapeutische Arbeit mit pflegenden Angehörigen von DemenzpatientInnen eingehend vorgestellt.

Kapitel 2

Demenz: Epidemiologie, diagnostische Kriterien, Differential-diagnostik, Symptomatik und Verlauf

Dementielle Syndrome umschreiben erworbene Beeinträchtigungen mehrerer höherer psychischer Funktionen. Sie lassen sich auf eine Vielzahl unterschiedlichster Erkrankungen und körperlicher Störungen zurückführen, denen unterschiedliche pathogenetische Mechanismen zugrunde liegen.
In diesem Kapitel werden die wichtigsten Formen einer Demenz, diagnostische Kriterien, die wesentlichen Symptome sowie psychologische Ansätze zum Verständnis von Demenz beschrieben. Wissen in diesen Bereichen ist notwendig für die therapeutische Arbeit mit pflegenden Angehörigen, da bei diesen ein starkes Bedürfnis nach Informationen über die Erkrankung besteht.

2.1 Demenzformen

Die häufigste Form eines Demenzsyndroms stellt die Demenz vom Alzheimer Typ (DAT) mit etwa 70 Prozent der Fälle dar, die durch einen zunehmenden Untergang des Nervengewebes und typische Ablagerungen pathologischer Eiweißsubstanzen bestimmt ist, gefolgt von der Multi-Infarkt-Demenz (MID) mit einem Anteil von etwa 15 Prozent, die auf vaskuläre Veränderungen zurückgeht (Durchblutungsstörungen in Folge von arteriosklerotischen Prozessen an kleinen Gehirnarterien). Außerdem gibt es Mischformen zwischen DAT und MID. In den verbleibenden fünf bis zehn Prozent der Erkrankungsfälle handelt es sich um sekundäre Demenzformen, die auf über 50 verschiedene Grunderkrankungen zurückgeführt werden können. Da ein Teil dieser sekundären Demenzformen durch eine angemessene Behandlung der Grunderkrankung reversibel ist und auch die medikamentöse Behandlung (z.B. mit Cholinesterasehemmern, siehe unter 2.4) bei einem Teil der PatientInnen mit DAT zu einer Verlangsamung des Fortschreitens der Erkrankung führt, ist bei einem Verdacht auf ein dementielles Syndrom eine umfassende internistische, neurologische, psychiatrische und neuropsychologische Untersuchung notwendig. Betroffenen PatientInnen oder Angehörigen sollte hierzu stets nachdrücklich geraten werden.
Eine hohe Bedeutung in der Demenzdiagnostik besitzt die Differentialdiagnose zwischen Demenz und Depression, da in der Symptomatik Überschneidungen bestehen können (z.B. Passivität, Agitiertheit, Konzentrations- und Gedächtnisstörungen, sozialer Rückzug), aber jeweils unterschiedliche Behandlungsstrategien notwendig sind. Nach Haupt et al. (1994) bestehen etwa bei 40 Prozent der Alzheimerkranken depressive Symptome.

Das gleichzeitige Auftreten depressiver und dementieller Symptome besagt allerdings nichts über kausale Zusammenhänge. In diesem Kontext wird u.a. diskutiert (Stoppe, 2000), dass
- Depressionen und Demenzen die häufigsten psychischen Erkrankungen des Alters sind und deshalb mit einer hohen Wahrscheinlichkeit gemeinsam auftreten können,
- Depressionen als Reaktion auf die dementiell bedingten Veränderungen hervorgerufen werden,
- Depressionen ein Prädiktor für das Auftreten der DAT sein könnten, da in der Anamnese von PatientInnen mit DAT gehäuft Depressionen beobachtet wurden,
- hirnorganische Veränderungen eine erhöhte Vulnerabilität für die Entstehung von Depressionen erzeugen.

Tabelle 1 zeigt im Überblick verschiedene Formen dementieller Syndrome (nach: Kessler et al., 1999).

2.2 Prävalenz und Inzidenz

Die Prävalenz dementieller Erkrankungen steigt mit zunehmendem Lebensalter deutlich an. In der Altersgruppe der 65- bis 69-Jährigen liegt der Anteil von DemenzpatientInnen bei etwa 1,4 Prozent. Ab dem 65. Lebensjahr ist mit einer Verdoppelung der Krankheitsrate alle fünf Jahre zu rechnen. Bei den 75- bis 79-Jährigen liegt die Prävalenz bei etwa sechs Prozent, bei den 80- bis 84-Jährigen steigt der Anteil auf 11 bis 18 Prozent, bei den 85- bis 89-Jährigen auf 21 bis 32 Prozent und bei den 90-Jährigen und Älteren auf 38 bis 41 Prozent (Wernicke & Reischies, 1994; Ott et al., 1995; Bickel, 1996; Kessler et al., 1999). Die Spannbreite der Angaben lässt sich

Tabelle 1: Formen dementieller Syndrome

Primär-degenerative Demenzen	*zum Beispiel:* Alzheimer Krankheit Parkinson mit Demenzsyndrom Lewy-Körperchen-Demenz Frontotemporale Demenz Creutzfeld-Jakob-Krankheit Pick-Krankheit Amyotrophe Lateralsklerose Chorea Huntington
Vaskuläre Demenzen	*zum Beispiel:* Multi-Infarkt Demenz
Sekundäre Demenzformen als Folge verschiedener Grunderkrankungen	*zum Beispiel:* Hirntumore, Schädel-Hirn-Traumen, metabolische Störungen, Infektionen (z.B. AIDS), Erkrankungen des Blutbildes, der Leber, Nieren oder Schilddrüse, Mangelernährungen, chronische Vergiftungen durch Alkohol oder Medikamente
Verschiedene Demenzen	Kombinationen von verschiedenen dementiellen Störungen
Depression mit kognitiven Einschränkungen („Pseudodemenz")	Depressive Erkrankung, die aufgrund der Symptomatik von einer dementiellen Erkrankung schwer zu unterscheiden ist

zum Teil auf unterschiedliche Einschlusskriterien und diagnostische Methoden zurückführen.

Die Inzidenz (jährliche Ersterkrankungsrate) liegt zwischen 1 bis 2 Prozent. Für die 60- bis 69-Jährigen ist eine Inzidenz von weniger als 0,5 Prozent anzunehmen, bei den 70- bis 79-Jährigen von einem Prozent und bei den über 80-Jährigen von über drei Prozent.

Für Deutschland ist davon auszugehen, dass 720.000 bis 850.000 ältere Menschen an einer mittleren bis schweren Demenz leiden. Wenn auch leichte Demenzerkrankungen einbezogen werden, liegt die Zahl bei 1 bis 1,5 Millionen.

2.3 Diagnostische Kriterien

Nach den diagnostischen Kriterien des ICD-10 und des DSM-IV müssen für die Feststellung einer Demenz mehrfache kognitive Störungen vorliegen, welche die Leistungsfähigkeit in Alltagsaktivitäten (und/oder im beruflichen Leben) sowie die sozialen Fertigkeiten erkennbar beeinträchtigen. Die diagnostischen Kriterien sind in Tabelle 2 zusammengefasst (aus: Kurz, 1997, S. 620).

Da die Alzheimer-Erkrankung die häufigste und damit auch die bedeutendste Form einer Demenz

Tabelle 2: Diagnostische Kriterien für das Demenz-Syndrom

Psychopathologie	
ICD-10	Abnahme des Gedächtnisses (besonders beim Lernen neuer Informationen, in schweren Fällen auch beim Erinnern früher gelernter Informationen) *zusätzlich:* Abnahme anderer kognitiver Fähigkeiten (Urteilsfähigkeit, Denkvermögen), beides nachgewiesen durch Fremdanamnese sowie neuropsychologische Untersuchung oder quantifizierte kognitive Verfahren, Verminderung der Affektkontrolle, des Antriebs oder des Sozialverhaltens
DSM-IV	Gedächtnisstörungen (beim Lernen neuer Information oder beim Erinnern früher gelernter Information) *zusätzlich:* mindestens eines von: Aphasie, Apraxie, Agnosie, Störung exekutiver Fähigkeiten (Planen, Organisieren, Ordnen, Abstrahieren)
Ausschlusskriterium	
ICD-10	Fehlen einer Bewusstseinstrübung
DSM-IV	Die Defizite treten nicht nur während eines Delirs auf

Fortsetzung Tabelle 2

Alltagsrelevanz	
ICD-10	Beeinträchtigung der täglichen Aktivitäten sowohl durch Störung des Gedächtnisses als auch durch die Störung anderer kognitiver Fähigkeiten
DSM-IV	Die kognitiven Störungen verursachen eine deutliche Störung im sozialen oder beruflichen Bereich und stellen eine deutliche Minderung gegenüber dem früheren Funktionsniveau dar
Dauer	
ICD-10	Störungen des Gedächtnisses und anderer kognitiver Fähigkeiten sollen mindestens 6 Monate vorhanden sein
DSM-IV	keine Festlegung

darstellt, soll deren Verlauf im Folgenden näher beschrieben werden.

2.4 Ursachen und medikamentöse Therapie der Demenz vom Alzheimer Typ

Man geht heute davon aus, dass die klinische Phase einer Alzheimer-Demenz das letzte Drittel eines mehrere Jahrzehnte umfassenden neurodegenerativen Prozesses darstellt (Kurz, 1997), der zu einer Atrophie bestimmter Hirnareale führt (d.h. zu einem Abbau der Gehirnsubstanz). Im Gehirn finden sich mikroskopisch degenerative Veränderungen an den Nervenzellen und -fasern. Die Nervenzellen und die Verbindungen zwischen den Nervenzellen gehen verloren. Die genauen Ursachen hierfür sind nicht im Detail geklärt. Allgemein wird eine Wechselwirkung altersbezogener, genetischer und umwelt- bzw. verhaltensbedingter Faktoren und entzündlicher Reaktionen angenommen, die über unterschiedliche pathologische Prozesse in einer gemeinsamen „Endstrecke" zum Verlust von Synapsen führen (Kessler et al., 1999). Eine zentrale Rolle bei der Krankheitsentstehung wird der Einlagerung von Beta-Amyloid als Abbauprodukt des Beta-Amyloid-Precursor-Proteins (APP) oder der Bildung von sogenannten Tau-proteinhaltigen Neurofibrillenbündeln zugeschrieben. Dabei ist aber unklar, ob dies die primären Ursachen der Erkrankung sind oder Folge anderer Entstehungsursachen. Darüber hinaus sind verschiedene genetische Änderungen bekannt, die mit dem Auftreten der Alzheimer Demenz verbunden sind (so etwa auf Chromosom 21, 19, 14 oder 1). Die meisten Erkrankungen treten aber sporadisch auf (d.h. Angehörige ersten Grades von Erkrankten weisen nur in seltenen Fällen ein wesentlich höheres Erkrankungsrisiko auf als die allgemeine Bevölkerung). Detaillierte Ausführungen zur Ursachenforschung finden sich bei Weis & Weber (1997).

Ein einheitliches Erklärungsmodell existiert bislang nicht. In den letzten Jahren wurden neben medizinischen Erklärungsansätzen auch soziale und psychologische Faktoren als mögliche Bedingungen diskutiert (siehe Kapitel 3 „Demenz als Familienkrankheit").

Da die Entstehungsursachen im Detail nicht geklärt sind, ist mit einer medikamentösen Behandlung keine Heilung möglich. Medikamente zielen vielmehr auf die Förderung der geistigen Leistungsfähigkeit mit Hilfe sogenannter Nootropika wie Dihydroergotoxin, Nicergolin, Pyritinol, Piracetam oder dem Phytotherapeutikum Gingko bilboa, die in unterschiedlicher Weise ohne klar definierten Wirkmechanismus positiv auf den Hirnstoffwechsel einwirken (Frölich et al., 2000).

In neuerer Zeit werden Antidementiva eingesetzt, die einen klar definierten Wirkmechanismus besitzen. Damit wird versucht, den geistigen Abbauprozess zu verzögern. Dazu gehören die Acetylcholinesterase-Hemmer (Donezepil, Rivastigmin, Tacrin), die den Abbau des für Gedächtnisleistungen zentralen Neurotransmitters Acetylcholin hemmen, der Calciumantagonist Nimodipin und der Glutamatmodulator Memantine. Zum Teil können unter der Behandlung mit diesen Medikamenten auch Verbesserungen nicht-kognitiver Symptome (z.B. depressive Verstimmung, Unruhezustände, wahnhafte Störungen, verbale und körperliche Aggressionen) beobachtet werden (Kurz, 1999).

Zur Linderung der für die Patienten quälenden nicht-kognitiven Symptomatik (z.B. Unruhezustände, Depression, Wahnstörungen, Veränderungen des Tag-Nacht-Rhythmus, s. Kapitel 2.5) kann außerdem die Gabe von Neuroleptika, Antidepressiva und Anxiolytika sinnvoll sein. Damit können auch die Angehörigen psychisch und physisch entlastet und eine Heimeinweisung verzögert werden, die oft aufgrund von Verhaltensstörungen eingeleitet wird. Die Notwendigkeit zu diesen medikamentösen Therapieformen sollte aber in regelmäßigen Abständen überprüft werden (Stoppe & Staedt, 1999). Medikamente gegen nicht-kognitive Symptome können bei einigen PatientInnen als Nebenwirkung die kognitive Leistungsfähigkeit verschlechtern oder die Sturzgefahr erhöhen.

Bei Angehörigen besteht meist ein sehr hohes Interesse an medikamentösen Behandlungsformen. Diese können im Rahmen dieses psychotherapeutischen Leitfadens nicht ausführlich diskutiert werden. Für Angehörigengruppen empfiehlt es sich, bei Fragen zu dieser Thematik eine/n gerontopsychiatrisch erfahrene/n Arzt/Ärztin als Referenten/Referentin einzuladen.

Neben der medikamentösen Behandlung erhalten psychologische und milieutherapeutische Therapieansätze und soziale Betreuungsangebote eine ebenso wichtige Bedeutung in einem umfassenden Therapieansatz bei Demenz (Gunzelmann & Schumacher, 1997; Romero, 1997; Poulaki & Wiegele, 1997).

2.5 Symptomatik und Krankheitsverlauf der Demenz vom Alzheimer Typ

Im Vordergrund dementieller Syndrome steht der Verlust kognitiver Leistungen, wobei Aufmerksamkeit und Gedächtnisleistungen sowie die Fähigkeit zum komplexen Denken, Planen und Problemlösen meist am frühesten im Krankheitsprozess betroffen sind. Damit sind Einschränkungen der selbstständigen Durchführung von Aktivitäten des täglichen Lebens verbunden. Im weiteren Verlauf kommen Sprachstörungen (die aber häufig auch bereits in frühen Krankheitsphasen auftreten), Persönlichkeitsveränderungen und emotionale Labilität, Desorientierung hinsichtlich der eigenen und anderer (auch vertrauter) Personen, zeitliche und örtliche Orientierungsstörungen, nicht-kognitive Symptome wie Depression, Angst, Wahn und Störungen des Tag-Nacht-Rhythmus und schließlich körperliche Pflegebedürftigkeit, Inkontinenz und der vollständige

Verlust der Alltagsfertigkeiten hinzu (zum Verlauf s. auch Kapitel 10.2 „Information und Wissensvermittlung"). Die klinische Phase der Alzheimer-Krankheit weist eine große zeitliche Spanne auf. Die Krankheitsdauer kann zwei Jahre umfassen, sie kann aber auch bis über zehn Jahre gehen.

Die Krankheit wird erst dann klinisch manifest, wenn Abbauprozesse nach der Erschöpfung der Reservekapazitäten des Gehirns eine kritische Schwelle überschritten haben (Domdey, 1996). Bestimmte Faktoren, wie beispielsweise frühere Schädel-Hirn-Traumen, können „dekompensatorisch" wirken, d.h. die kritische Schwelle wird aufgrund geringerer Reservekapazitäten früher überschritten. Kompensatorische Faktoren dagegen können dazu beitragen, dass die Schwelle erst verzögert oder langsamer überschritten wird. Hierzu gehören möglicherweise ein höheres Bildungsniveau bzw. lebenslange geistige Aktivität. Auch Persönlichkeitsfaktoren wird von manchen Autoren ein Einfluss auf die Manifestation der Demenz vom Alzheimer Typ zugeschrieben (siehe Kapitel 3 „Demenz als Familienkrankheit").

Bis zum Erreichen des klinischen Stadiums (entsprechend der genannten diagnostischen Kriterien der Demenz) erleben die Betroffenen und häufig auch die Angehörigen meist schon lange zuvor erste Auffälligkeiten im Alltag (z.B. zunehmende Probleme im Beruf, beim Autofahren, bei der Beteiligung an Gesprächen, bei alltäglichen Aufgaben wie Kochen oder dem Umgang mit Geld). Betroffene Erkrankte reagieren auf Überforderung und ungewohnte Situationen häufig verunsichert oder aggressiv und ziehen sich von sozialen Kontakten zurück. Neue und komplexe Anforderungen werden zunehmend gemieden. Eine genaue Diagnose erfolgt meist erst relativ spät, da insbesondere in den Anfangsstadien Krankheitssymptome geleugnet oder fehlinterpretiert werden und die PatientInnen hohe Anstrengungen aufbringen, den Alltag trotz ihrer zunehmenden Beeinträchtigungen zu bewältigen. Die pathologischen Prozesse im Gehirn sind zu diesem Zeitpunkt bereits weit fortgeschritten.

Hinsichtlich des Krankheitsverlaufs und der Symptomatik ist zwischen verschiedenen PatientInnen eine große Heterogenität zu beobachten. Beispielsweise können Verhaltensstörungen sehr unterschiedlich ausgeprägt sein. Die Spanne reicht hier von passiv zurückgezogenen PatientInnen über freundlich zugewandte, häufig gut gelaunte, manchmal euphorische und kommunikative PatientInnen bis hin zu stark motorisch unruhigen oder aggressiv-impulsiven PatientInnen mit ausgeprägten Verhaltensstörungen. Auch im individuellen Fall sind Tagesschwankungen in der Stimmung, in der kognitiven Leistungsfähigkeit und im Verhalten festzustellen. Hierbei muss in Betracht gezogen werden, dass sich die Krankheitssymptomatik nicht ausschließlich und unmittelbar auf den hirnorganischen Abbauprozess zurückführen lässt. Vielmehr spielen auch psychologische Faktoren für die Ausprägung der Symptomatik eine Rolle, die im Selbsterleben der Betroffenen zu suchen sind und aus der sozialen Interaktion heraus bedeutsam werden. Dies wird im Folgenden näher erläutert.

2.6 Psychologische Faktoren der Demenz: Demenz als Verlust

Die Notwendigkeit der Berücksichtigung psychologischer Faktoren für das Verständnis von Demenz folgt aus der Beobachtung heraus, dass dementiell erkrankte Menschen ihre Einbußen bis in fortgeschrittene Krankheitsstadien hinein wahrnehmen und erleben (wenn auch zunehmend nicht mehr rational reflektieren können). Das psychologische Verständnis für einen demenzkranken Menschen spielt für die Angehörigen in der alltäglichen Betreuung und für die psychotherapeutische Hilfe für pflegende Angehörigen eine bedeutsamere Rolle als die biologisch-medizinische Perspektive. Die Bereitschaft und Fähigkeit, sich diesen verstehenden Zugang anzueignen, stellt eine wesentliche Voraussetzung für die Arbeit mit pflegenden Angehörigen dar.

Von Haupt (1993) wurde als zentrales Merkmal des Selbsterlebens demenzkranker Menschen das Erleben von Verlusten beschrieben.

Die wesentlichen Verluste eines demenzkranken Menschen (die „4 K") umfassen
– den Verlust an Kompetenz,
– den Verlust an Kontinuität,
– den Verlust an Kongruenz und
– den Verlust an Kommunikation.

In Tabelle 3 sind diese vier Aspekte und mögliche Folgen für Erleben und Verhalten demenzkranker Menschen erläutert.

Tabelle 3 enthält allgemeine Anhaltspunkte, um Störungen und Auffälligkeiten im Verhalten, Denken und Erleben verstehen zu können und somit der Persönlichkeit demenzkranker Menschen gerecht zu werden. Verhaltensauffälligkeiten wie beispielsweise depressive oder aggressive Reaktionen oder sozialer Rückzug werden nachvollziehbar und einfühlbar und das Verhalten eines demenzkranken Menschen kann im Kontext

seines Selbsterlebens durchaus als sinnhaft nachempfunden werden. Im Einzelfall ist es aber immer notwendig, auch die individuelle Lebensgeschichte, Gewohnheiten, Vorlieben und Abneigungen und die Persönlichkeit eines demenzkranken Menschen kennenzulernen, um über diese allgemeinen Aussagen hinaus sein Verhalten und Erleben nachempfinden zu können. Das Erleben aktueller Situationen wird oft von früheren Erinnerungen und Impulsen überlagert, die das Verhalten bestimmen können. In scheinbar verwirrtem Verhalten lassen sich bei genauerer Kenntnis der individuellen Lebensgeschichte deshalb fast immer Bruchstücke früherer Erfahrungen und Lebensvollzüge des erkrankten Menschen wiederfinden. Die beiden folgenden Beispiele sollen dies verdeutlichen.

Beispiel

Ein 82-jähriger demenzkranker Mann wacht nachts auf und hat den Impuls, zur Arbeit zu gehen – so wie dies früher auch immer war. Dementsprechend verhält er sich. Eine Diskussion darüber, dass er schon lange nicht mehr berufstätig ist, würde ihn wahrscheinlich beunruhigen oder ängstigen und somit die Situation schwierig handhabbar machen. Stattdessen könnte man auch seine Zuverlässigkeit würdigen („Jaja, Herr M., so ein Pflichtbewusstsein wie bei Ihnen findet man heutzutage nur noch selten") und ihn behutsam ins Schlafzimmer zurückbegleiten mit der Bemerkung „Wissen Sie was? Ich seh' grade, ein halbes Stündchen haben Sie noch Zeit zum Hinlegen, damit Sie auch wirklich gut ausgeruht sind". Dadurch erfährt er Wertschätzung und Zuwendung und kann außerdem von seinem eigentlichen Vorhaben abgelenkt werden. So wird es leichter fallen und weniger Zeit kosten, ihn wieder zu Bett zu bringen, als wenn man mit ihm über seine Realitätsverkennung diskutiert hätte.

Beispiel

Eine 76-jährige demenzkranke Frau möchte von zu Hause weggehen, da sie sich „um ihre Kinder kümmern" müsse, die zu Hause auf sie warteten. Die Absicht der Frau, die aus ihrer Lebensgeschichte heraus verständlich ist, wird entsprechend wertgeschätzt („Um Ihre Kinder müssen Sie sich kümmern? Da hat man ständig zu tun, nicht wahr? Man kommt ja kaum selbst mal zur Ruhe"). Dadurch erhält die Demenzkranke Wertschätzung in ihrer Fürsorge und es wird möglich, mit ihr ein Ge-

Tabelle 3: Demenz als Verlust: Mögliche Folgen für das Selbsterleben

die „4 K"	Verlust	mögliche Folgen für Erleben und Verhalten	mögliche Reaktionen
Kompetenz	keine Selbstständigkeit in Alltagsaktivitäten mehr	– Scham – bedrohtes Selbstwertgefühl – Angst vor Versagen – Kontrollverlust, Hilflosigkeit	– Zurückweisen notwendiger Hilfe – Leugnung von Defiziten – Passivität – Depression, Aggressivität
Kommunikation	nicht mehr sprechen können und Sprache nicht mehr verstehen	– Bedürfnisse können nicht formuliert werden – soziale Beziehungen sind eingeschränkt – andere Menschen werden nicht verstanden – Bitten und Erklärungen werden nicht verstanden	– Bedürfnisse werden von anderen nicht wahrgenommen – Vereinsamung – Unsicherheit und Angst – PatientInnen werden als „starrsinnig" beurteilt
Kontinuität	Zeit wird nicht mehr als kontinuierliche Abfolge von Ereignissen erlebt	– fehlende sinnvolle Zusammenhänge zwischen Ereignissen der Vergangenheit und Gegenwart – keine gedankliche Vorwegnahme von kommenden Ereignissen – Erinnerungen überlagern Gegenwärtiges – Tageszeiten und –rhythmen verlieren an Bedeutung	– Ereignisse erscheinen unerklärbar – Unsicherheit, Angst – aktuelle Ereignisse lösen früheres Verhalten aus – Verhalten ist der Tageszeit nicht angemessen
Kongruenz	das eigene Erleben stimmt mit dem der Gesunden nicht mehr überein, die Realität wird anders interpretiert als von Gesunden	– PatientInnen geraten in Widerspruch mit Gesunden – Kranke werden von Gesunden korrigiert – Kranke werden von Gesunden nicht verstanden – Kranke verhalten sich unangemessen in der Realität der Gesunden	– Angst – Aggressivität – Konflikte – Einsamkeit, sozialer Rückzug

spräch über das für sie so wichtige Familienleben zu führen. Damit wird einerseits ihr Bedürfnis aufgegriffen, andererseits wird sie behutsam von ihrem Impuls abgelenkt, das Haus alleine zu verlassen. Konflikte, die aus der Diskussion entstanden wären, dass ihre erwachsenen Kinder ihre Hilfe nicht mehr bräuchten, werden so vermieden.

Der kognitive Abbauprozess verhindert es für den demenzkranken Menschen zunehmend, die Verluste zu verarbeiten und sich rational damit auseinanderzusetzen (Bruder, 1996). Die Unfähigkeit zur bewussten Reflexion von Einschränkungen, welche die psychische Bewältigung der Einschränkungen ermöglichen könnte, macht einen wesentlichen Unterschied zu körperlich beeinträchtigten oder behinderten, aber geistig gesunden Menschen aus. Diese sind zu einer bewussten rationalen oder emotionalen Auseinandersetzung mit ihren Beeinträchtigungen grundsätzlich in der Lage und können dadurch zu einem konstruktiven Umgang damit finden. Der Umgang mit Leistungsschwankungen, mit gelegentlichem Versagen oder mit dem Erleben von Schwäche bei geistig gesunden Menschen kann stets dadurch erleichtert werden, dass aus der Alltagserfahrung heraus die Gewissheit besteht, grundsätzlich ein leistungsfähiger Mensch zu sein. Mit der bewussten Erinnerung an früher bewältigte Schwierigkeiten oder an persönliche Stärken wird Selbstbewusstsein wieder gestärkt; das Selbstwertgefühl ist nicht (auf Dauer) bedroht. Diese wichtigen kognitiven Kontrollmöglichkeiten stehen einem dementiell erkrankten Menschen nicht mehr zur Verfügung. Die Verluste werden als unkontrollierbar empfunden. Dies kann zu dramatischen emotionalen Belastungen führen, wobei dementiell erkrankte Menschen die Kontrolle über ihre gefühlsmäßigen Impulse ebenfalls zunehmend verlieren. Die emotionale

Zuwendung und die Wertschätzung des subjektiven Erlebens des erkrankten Menschen sind deshalb häufig hilfreicher als die Orientierung in der Realität. Orientierende Hilfestellungen und Informationen sind in der Regel eher für erkrankte Menschen in frühen bis mittleren Krankheitsstadien geeignet. Im Einzelfall erfordert es eine hohe Einfühlsamkeit der BetreuerInnen zu erkennen, welcher Weg in der gegebenen Situation am geeignetsten erscheint.

2.7 Demenz in sozialen Beziehungen

Wie aus Tabelle 3 bereits ersichtlich ist, wird das Erleben und Verhalten von dementiell erkrankten Menschen auch durch die Reaktionen und Umgangsweisen der sozialen Umwelt mitbestimmt. Die komplexen Folgen, die dies insbesondere für die psychische Situation pflegender Angehöriger von Demenzkranken und für die Beziehung zum demenzkranken Menschen hat, sind in Kapitel 3 „Demenz als Familienkrankheit" ausführlich erläutert.

Kapitel 3

Demenz als Familienkrankheit

In diesem Kapitel soll unser Verständnis von Demenz als einer Krankheit, die das gesamte Umfeld des/der Kranken beeinflusst, erläutert werden. Dabei wird auf Spezifika der Beziehung zwischen EhepartnerInnen, von denen eine/r an einer Demenz erkrankt ist, und auf Besonderheiten in der intergenerationellen Pflegebeziehung eingegangen. Schließlich werden zwei Arbeiten diskutiert, die sich mit den möglichen Zusammenhängen zwischen Persönlichkeitsmerkmalen, Beziehungsmustern und der Alzheimerschen Krankheit beschäftigen.

3.1 Demenz im System Familie

Eine dementielle Erkrankung führt nicht nur für den Betroffenen selbst zu wesentlichen Veränderungen, sondern für sein gesamtes Umfeld. Die dementielle Symptomatik muss deshalb immer im Beziehungsgefüge des demenzkranken Menschen betrachtet werden, sowohl in den aktuellen als auch in den biographischen sozialen Beziehungen (Johannsen, 1994).

So verändert sich das partnerschaftliche oder familiäre System, da der/die Kranke aufgrund kognitiver Einschränkungen und Persönlichkeitsveränderungen vielen beruflichen und häuslichen Verpflichtungen nicht mehr nachkommen kann, die er/sie früher innehatte. Innerhalb des Systems muss deshalb ein *Rollenwechsel* vorgenommen werden.

Ein dementer Mensch fällt im System außerdem durch sein *Verhalten* auf, „stört" dadurch, dass er depressiv, apathisch, unruhig aggressiv oder misstrauisch ist. Er verändert sich in seiner Persönlichkeit, so dass auch aus diesem Grund das Beziehungssystem aus dem Gleichgewicht gerät.

Beispiel

Frau H. versorgt ihren Ehemann, der unter der Alzheimer Krankheit leidet und seit einem ¾ Jahr bettlägerig ist. Er sei „sehr böse", habe „Anfälle", schreie und schlage um sich. Dies passiert, wenn er von der Schwester des ambulanten Pflegedienstes oder seiner Ehefrau gewaschen wird, v. a. beim Waschen des Unterkörpers. Wenn Herr H. gewaschen und angezogen ist, beruhigt er sich wieder, er ist dann den ganzen Tag seiner Frau zugewandt und freundlich. Frau H. ist aber jedes Mal sehr verletzt, wenn sie von ihrem Mann beschimpft wird, „da sie sich doch um ihn kümmere."

Für die Angehörigen stellt meist weniger die Einschränkung kognitiver Fähigkeiten die „Störung des Systems" dar, sondern das „verwirrte" Verhalten. Häufig wird der/die Kranke von Familienmitgliedern und anderen Menschen als fremd erlebt.

Beispiel

Herr Sch. war ein offener, geselliger Mensch mit breiten Interessen, welche die Ehefrau mit ihm geteilt hat (z.B. Opernbesuche). Jetzt ist er sehr passiv. Er kann nur schwer dazu bewegt werden, irgendetwas zu unternehmen. Besonders belastend ist für Frau Sch. dabei, dass ihr Mann ständig mit den Händen in der Tasche hinter ihr steht, so etwa bei der Gartenarbeit oder beim Hausputz. Erst unter Drohungen (z.B. sie würde weggehen) hilft er ihr. Die Passivität mache ihr den Mann so fremd, er sei nicht mehr der Partner, den sie geheiratet habe, er sei wie ein kleines Kind.

Die Angehörigen müssen vielfältige *psychische Anpassungsleistungen* erbringen, um die typischen und schwerwiegenden Veränderungen im Laufe eines dementiellen Prozesses bei einem nahestehenden und vertrauten Menschen realistisch wahrzunehmen, zu akzeptieren und damit umgehen zu lernen. Die Reaktion auf die Belastungen und die von den Angehörigen angewandten Bewältigungsstrategien sind individuell sehr verschieden (siehe dazu Kapitel 4.2 „Belastungsverarbeitung pflegender Angehöriger").

So können etwa bestehende *Familienregeln* die flexible Anpassung an neue Notwendigkeiten verhindern, die durch die Demenz eines Familienmitglieds entstehen.

Beispiel

Bei Frau L. wurde eine beginnende dementielle Erkrankung – vermutlich die Alzheimersche Krankheit – diagnostiziert. Noch sind die Einschränkungen gering, so dass z.B. Bekannte ihre leichte Vergesslichkeit als „normale Alterserscheinung" bewerten. Frau L. ist aber mit komplexeren Anforderungen wie der Planung des Einkaufs und der Zubereitung des Mittagessens überfordert. Der Ehemann, noch berufstätig, ist zwar über die Diagnose informiert, überlässt seiner Frau aber aufgrund eines festen Rollenverständnisses weiterhin weitgehend die Haushaltspflichten, was bei ihr zu regelmäßigen Versagenserlebnissen führt.

Kommunikationsregeln der Familie können außerdem die Auseinandersetzung der Familienmitglieder mit dem Krankheitsprozess blockieren, so etwa, wenn in der Familie die Regel gilt, dass man über Fehlleistungen nicht spricht und gleichzeitig hohe und starre Ansprüche an normgerechtes Verhalten bestehen. Ein rationaler Umgang mit einem Problem wie Inkontinenz beispielsweise wird dadurch erschwert und eine angemessene Lösung kaum gefunden.

Beispiel

Frau L. äußerte im Verlauf von einigen Beratungsgesprächen immer wieder praktische Probleme im Umgang mit Inkontinenzeinlagen, bis sie das tatsächliche, psychologische Problem benennen konnte: „Ich kann meinem Mann doch keine Windeln verpassen". Die Umstellung auf die neuen Anforderungen und damit auch eine Änderung vom vertrauten Bild des Mannes und seiner Leistungsfähigkeit waren hier nur schwer möglich.

Die *dementielle Symptomatik* wird als Reaktion auf die anhaltende Belastungssituation häufig *verleugnet* oder in ihrem Schweregrad verkannt, und von der/dem Kranken wird die frühere Leistungsfähigkeit und das gewohnte Verhalten erwartet. Dies muss natürlich ständige Enttäuschungen zur Folge haben und zu Konflikten führen. So führt etwa eine Überforderung zu aggressiven oder ängstlichen Reaktionen des Kranken, die von der/dem sich hilflos fühlenden Gesunden häufig ebenso erwidert werden. Erst die Akzeptanz der Verhaltensauffälligkeiten als krankheitsbedingt und nicht mehr der rationalen Kontrolle des/der Erkrankten unterliegend fördert Verständnis und entspannt die Konfliktsituation (Gunzelmann et al. 1996).

Beispiel

Frau Sch. berichtet verwundert, dass sie die Schuhe zum Reparieren jetzt außer Haus geben müsste, obwohl ihr Mann Schuhmachermeister sei, er könne nicht einmal mehr eine Naht nähen. Es erscheint ihr auch unverständlich, dass er keinen Nagel mehr in die Wand schlagen könne, obwohl er doch immer in allen handwerklichen Dingen sehr geschickt gewesen sei. Das Ausmaß der Defizite wird noch nicht realistisch erkannt und der Mann immer wieder an seiner früheren Leistungsfähigkeit gemessen.

Die *Veränderungen,* welche die Demenz für das familiäre System mit sich bringt, *bedrohen* das bisher gewohnte *Zusammenspiel* der einzelnen Familienmitglieder.

Beispiel

Frau E. hat ein schlechtes Gewissen, da sie sich nicht gleichzeitig um die Schwiegermutter und die Kinder (13 und 16 Jahre) kümmern kann. Insbesondere die jüngere Tochter fühlt sich vernachlässigt. Ihre schulischen Leistungen sind massiv abgefallen und sie verhält sich auch zu Hause auffällig. So lässt sie sich z.B. wieder von den Eltern die Brote schmieren, was sie schon seit langem selbst gemacht hatte. Herr E. deutet ihre regressiven Tendenzen als Hilferuf an die Eltern, sich wieder mehr um sie zu kümmern. In der Angehörigengruppe teilt das Ehepaar mit, dass sie sich entschlossen hätten, die Mutter ins Heim zu geben. Ausschlaggebend für die Entscheidung sei das Verhalten der jüngeren Tochter gewesen. Nach einer Phase der Destabilisierung der Familie ist die Heimunterbringung nun ein Versuch, das Familiensystem wieder zu stabilisieren

3.2 „Man ist verheiratet und man ist es nicht" – Demenz in der Ehebeziehung

Die Ehebeziehung kann sich aufgrund der Versorgung eines dementiell erkrankten Ehepartners in wesentlichen Aspekten verändern (Gwyther & Blazer, 1990; Gunzelmann et al., 1996):
- Durch die Demenz des Partners/der Partnerin wird das entstandene Gleichgewicht einer jahrzehntelang gelebten ehelichen Beziehung gestört. Die Übernahme neuer Rollen und

Funktionen durch den/die gesunde/n Partner/in führt nicht nur zu dessen/deren Überlastung, sondern der/die Kranke verliert auch zunehmend an Autonomie in der Beziehung.

– Die mit der Demenz verbundenen *Persönlichkeitsveränderungen* werden von den gesunden EhepartnerInnen als *Verlust der Ehebeziehung* erlebt, denn übliche Verhaltensmuster in der Beziehungsgestaltung werden vom/von der Kranken nicht mehr in gewohnter Weise beantwortet. Gleichzeitig wird die vertraute Beziehung durch das äußerlich über lange Krankheitsphasen kaum veränderte Bild des Partners/der Partnerin intensiv erinnert. Der Ehemann einer dementiell erkrankten Frau formulierte die Situation so: *„Man ist verheiratet und man ist es nicht".* Um dieses Spannungsverhältnis zwischen Fremdheit und Vertrautheit auszuhalten, wird die dementielle Symptomatik häufig verleugnet oder in ihrem Schweregrad verkannt (vgl. dazu oben Fallbeispiel Ehepaar Sch.).

– Eine *Neudefinition der ehelichen Identität*, in der beide PartnerInnen, sowohl der kranke als auch der gesunde, neue Positionen einnehmen, wird außerdem dadurch erschwert, dass sich die dementielle Symptomatik häufig schwankend darstellt und so die *Akzeptanz des Krankheitsprozesses* behindert.

– Auch für den/die gesunde/n EhepartnerIn geht die Sicherheit gebende *Kontinuität im Leben verloren*, da sich viele Menschen symbiotisch mit dem/der (Ehe-)partnerIn verbunden fühlen und sich wesentlich über die Beziehung zum Partner/zur Partnerin definieren.

– Da das Berufsleben meist aufgegeben ist und das *soziale Netzwerk* (z.B. durch den Tod von Freunden oder die Loslösung der Kinder) bei älteren Menschen meist kleiner wird, gelingt eine Aufrechterhaltung der eigenen Identität unabhängig von der ehelichen Beziehung weniger gut. „Meine Frau ist doch das einzige, was ich noch habe" – diese Äußerung spiegelt etwas von der Bedeutung der Ehe für das Selbsterleben wider. Häufig wird durch die dementielle Erkrankung die soziale Isolierung noch verstärkt, da sich z.B. Verwandte oder Bekannte zurückziehen, da Angehörige häufig nicht mehr ohne den/die Kranke/n aus dem Haus gehen (können) oder gemeinsame Unternehmungen oder Besuche eher als Belastung denn als Abwechslung erlebt werden.

– Die versorgenden EhepartnerInnen erleben *Phantasien der Loslösung* vom/von der fremd gewordenen PartnerIn, um wieder Zeit für sich zu finden und nicht mehr mit dem Abbau eines vertrauten Menschen konfrontiert zu werden. Oft stehen aber Schuldgefühle der Umsetzung dieser Phantasien im Wege.

– Häufig besteht sogar der unbewusste Wunsch, der Partner/die Partnerin möge bald sterben, um den psychologisch erlebten Verlust auch real betrauern zu können. Dies ist gleichzeitig mit Schuldgefühlen verbunden.

– *Lebensperspektiven* für das Alter müssen aufgegeben oder neu überdacht werden, beispielsweise die gemeinsame Gestaltung der Lebensphase im höheren Alter mit dem/r PartnerIn.

3.3 „Etwas erstirbt in mir" – Demenz in der Eltern-Kind-Beziehung

Aber auch zwischen pflegenden Kindern (oder Schwiegerkindern) und dem erkrankten Elternteil treten spezifische Probleme und Konflikte in der Beziehung auf:

– Die erwachsenen Kinder erleben, dass sie in der Pflege starken Einfluss auf die dementen Eltern ausüben können, da diese von der Pflege und Versorgung von ihnen abhängig sind. Es kommt somit zu einer *Umkehr der alten „Machtverhältnisse", zur „Parentifizierung" der Kinder.* So trifft das „Kind" Entscheidungen für die Mutter/den Vater, gibt Anweisungen, lobt, bestraft, wäscht die Mutter/den Vater, füttert sie/ihn usw. Dies kann beim Elternteil zu Scham, Schuldgefühlen, Aggressivität, aber auch einer besonderen Zuwendung/Anhänglichkeit dem Kind gegenüber führen. Diese Rollenumkehr kann dann gelingen, wenn die Kinder emotional autonom sind und über die „filiale Reife" (Blenker, 1965; Bruder, 1988) verfügen, den Eltern als erwachsene Menschen eigenständig und selbstverantwortlich begegnen zu können.

– Bei sehr engen Beziehungen zwischen Kind und Eltern, die auch noch im Erwachsenenalter so aufrechterhalten wurden, kann häufig das *Leugnen von Defiziten* der kranken Mutter oder des kranken Vaters beobachtet werden. Ein Grund liegt hier in dem Bedürfnis von Kindern nach einem stabilen Persönlichkeitsbild von den Eltern. Dies hat damit zu tun, dass man mit zunehmendem Alter, in dem ja die Pflege der Eltern geleistet wird, verstärkt auch Eigenschaften der Eltern an sich selbst wiedererkennt. Es kann – zumindest unbewusst – eine Destabilisierung des Selbstbildes bedeuten, wenn sich der Vater oder die Mutter in diesen wichtigen Persönlichkeitszügen verändern. So sagte eine pflegende Tochter: „Etwas erstirbt in mir".

– Nicht selten ist es gerade das „ungeliebte" Kind einer Familie, das die Pflege des erkrankten Elternteils übernimmt, womöglich in der Hoffnung, nun die früher vermisste Zuwendung der Mutter oder des Vaters zu gewinnen. Häufig bleibt die erwartete Dankbarkeit aus, werden gar die anderen Geschwister bevorzugt oder können Dankbarkeit und Zuwendung im dementiell gestörten Verhalten nicht erkannt werden. Daraus resultiert nicht selten Enttäuschung bei den Kindern. Die weitere Übernahme der Pflege kann dann oft nur noch durch äußere (z.B. durch andere Familienmitglieder vorgebrachte) oder innerlich erlebte moralische Verpflichtungen gegenüber den Eltern legitimiert werden (Gunzelmann et al., 1996).

– Schröppel (1992) verweist auf die unterschiedliche Situation von pflegender Tochter und pflegender Schwiegertochter. Die Schwiegertochter hat eine größere Distanz zu der Familie, deren Vater, Mutter, Bruder oder Schwester, an einer Demenz erkrankt ist. Ihre Beziehungen zu den anderen Familienmitgliedern sind primär über ihren Mann (also den Sohn) vermittelt. Die pflegende Tochter befindet sich in einer konfliktträchtigeren Position, indem sie sowohl im Zentrum der Herkunfts- als auch der Filialfamilie steht.

– Die Übernahme der Pflege von Eltern geschieht häufig aufgrund von Verpflichtungsgefühlen aus dem Gefühl heraus, den Eltern für die früher erhaltene Fürsorge jetzt wieder etwas „zurückzugeben".
Der Aspekt der „Reziprozität" erweist sich neben einer positiven emotionalen Bindung als stärkste Motivation zur Pflege. Darin liegt aber auch ein Potential für Konflikte in der Pflegesituation. Reziprozität meint auch, dass die Kinder ebenso Erwartungen von Gegenleistungen an die Eltern für die geleistete Versorgung und Pflege hegen (etwa nach Dankbarkeit); werden diese Erwartungen nicht erfüllt, entsteht Enttäuschung oder Ärger, und das Gefühl, belastet und überfordert zu sein, bestimmt das Erleben der Situation.

– Oft sind es auch unausgesprochene Erwartungen innerhalb der Familie oder gesellschaftliche Normen, dass sich ein Kind für die Pflege des erkrankten Elternteils verantwortlich fühlt. Dies muss gar nicht unbedingt bewusst reflektiert werden. Die Versorgung wird unter Druck geleistet, ohne dass man sich von den familiären Erwartungen befreien könnte. Eine

solche Motivation zur Pflege kann alte Familienkonflikte besonders nachhaltig reaktivieren.

– Demenzkranke Menschen im fortgeschrittenen Krankheitsstadium sehen nicht selten in der Hauptpflegeperson die eigene Mutter. Dadurch können unbewusste Wünsche nach Sicherheit und Geborgenheit befriedigt werden, die z.B. durch Angst im Rahmen der Demenz ausgelöst werden. Neben dieser Form der „Übertragung" kann man häufig auch Gegenübertragungen beobachten, d.h. die Angehörigen betrachten den/die Demente/n als Kind. Nach Bruder (1990) ist dies aber nicht zwangsläufig mit einer Missachtung des Kranken verbunden und muss nicht zu einer inadäquaten Pflege führen, sondern kann vielmehr das Verständnis für den/die Kranke fördern.

3.4 Persönlichkeitsmerkmale, Beziehungsmuster und Demenz

In den vergangenen Jahren nimmt die Auseinandersetzung der gesamten Gesellschaft mit der Thematik „Alzheimer" deutlich zu. Interessante Berichte und gut recherchierte Dokumentationen erscheinen in den Medien, selbst Spielfilme und Talkshows nehmen sich des Gegenstandes an, so dass sich Angehörige einerseits umfassend informieren können. Andererseits werden aber gelegentlich auch unrealistische Erwartungen hinsichtlich von Behandlungsmöglichkeiten geweckt oder die Angehörigen hinsichtlich einer eigenen „Schuld an der Erkrankung" verunsichert, wenn z.B. Beziehungsmuster als mitverursachend für die Alzheimerdemenz diskutiert werden. An dieser Stelle sollen stellvertretend zwei diesbezügliche Arbeiten vorgestellt werden: Es erscheint uns wichtig, auch kontroverse Hypothesen zu diskutieren, um TherapeutInnen darauf vorzubereiten, da sie in der Arbeit mit Angehörigen von Demenzkranken wahrscheinlich solchen Theorien begegnen werden.
Als TherapeutIn in der Angehörigenberatung sollte man zwar mögliche Zusammenhänge zwischen biographisch gewachsenen Beziehungsmustern und aktuellen Konflikten in der Pflegesituation mit bedenken. Hierbei geht es aber nicht um die Zuweisung von Verantwortung oder gar „Schuld", sondern darum, zu einem vertieften Verständnis für die Situation und die Psychodynamik der Probleme der Angehörigen zu kommen. *Erleben Angehörige Schuld, so besteht die Aufgabe der TherapeutInnen ganz wesentlich in der Entlastung der Angehörigen.*

Ausgehend von Ergebnissen aus experimentellen Untersuchungen (siehe Renner und Rosenzweig, 1987) über den Einfluss psychosozialer Umgebungsbedingungen auf die neuronale und synaptische Plastizität stellt Bauer (1994) die Hypothese auf, dass bei der Entstehung der Alzheimer Krankheit psychosoziale Faktoren in Betracht zu ziehen sind. Durch die Analyse prämorbider Lebensläufe von Menschen, die an einer sporadischen Alzheimer-Demenz erkrankten, zeigt Bauer ein *einheitliches psychosoziales Belastungsmuster im Vorfeld der Erkrankung* und Übereinstimmungen in der *prämorbiden Persönlichkeit* auf.

Vor der Manifestation erster kognitiver Symptome sei eine jahrelange *Deaktivierungsentwicklung* abgelaufen. Die an einer Alzheimer-Demenz erkrankten Menschen seien demnach eher selbstunsichere, konfliktvermeidende, anlehnungsbedürftige Personen. Zwei bis fünf Jahre vor dem Auftreten der ersten Symptome verändere sich die Beziehung zu den wichtigsten Bezugspersonen; es käme zu Auseinandersetzungen mit dem Partner/der Partnerin und zu dessen/deren emotionaler Abwendung. Zeitgleich wäre häufig ein Wegfall von emotional positiv besetzten Beziehungen zu Kindern oder wichtigen Freunden festzustellen. *Inaktivität, Reizverarmung und anhaltender psychischer Stress* führten zu *neurodegenerativen Effekten.*

Allerdings lässt sich zum Modell von Bauer die Gegenhypothese aufstellen, dass die Persönlichkeitsveränderungen und die Veränderungen in den Beziehungen Folgen der Alzheimerschen Krankheit (und nicht mit-verursachend) sind, da bereits 30 Jahre vor der klinischen Manifestation der Krankheit morphologische Veränderungen im Temporallappen nachgewiesen werden können (Kurz, 1997).

Richarz (1996) diskutiert, ob bestimmte psychodynamische und gruppendynamische Aspekte der Alzheimerschen Krankheit, die bisher als deren Folgen beschrieben wurden, die Krankheit nicht eigentlich unterhalten und fördern. Richarz führt eine Kasuistik an, um diese These zu untermauern.

Als kennzeichnend für die Lebensgeschichte von demenzkranken Menschen beschreibt er:

– Vermeidung von Identität (eher Anpassung an Erwartungen, kein eigener Standpunkt)
– Leben in Abhängigkeitsbeziehungen (Richarz, 1996, S.110: *„Die Alzheimer Demenz stellt m. E. einen Versuch dar, die Beziehung zur dominanten Bezugsperson aufrechtzuerhalten“*).
– Gruppenangst (Außenseiter, soziale Isolation)
– Abwehr von Gefühlen des/der Erkrankten (wird nach Richarz in der Abwehr von Gefühlen in Angehörigengruppen widergespiegelt)
– Mitagieren der umgebenden Gruppe, d.h. die Gruppen, in denen der/die Erkrankte lebte, verlangten keine Veränderung oder Entwicklung
– sozialenergetisches Defizit (z.B. durch mangelnde interpersonelle Kommunikation), das sich schädigend auf Gehirnstrukturen auswirkt.

Ob die von Bauer gefundenen Zusammenhänge zwischen prämorbider Persönlichkeit, Belastungsmuster und Auftreten der Alzheimerschen Krankheit und die Thesen von Richarz über gruppendynamische Zusammenhänge Erklärungsmodelle für die Verursachung oder Auslösung der Alzheimerschen Krankheit darstellen oder diese Folgen der Erkrankung sind, muss in neuen Studien überprüft werden. Dass *Beziehungsmuster* zumindest einen wesentlichen *Einfluss auf die individuelle Ausprägung und den Verlauf der organisch bedingten Demenzsymptomatik* ausüben, zeigt die klinische Erfahrung mit Angehörigen jedoch immer wieder (siehe Kapitel 10.5 „Familiensystemischer Ansatz“).

Kapitel 4

Belastungserleben und Belastungsverarbeitung

4.1 Belastungserleben pflegender Angehöriger

Durch die Versorgung eines demenzkranken Menschen in der Familie erleben die betroffenen Angehörigen tiefgreifende Veränderungen in nahezu allen Lebensbereichen. Untersuchungen zum Belastungserleben weisen übereinstimmend nach, dass pflegende Angehörige
– Verschlechterungen ihres körperlichen Gesundheitszustandes und Wohlbefindens,
– Einbußen des psychischen Wohlbefindens,
– finanzielle Belastungen,
– Einschränkungen der Quantität und Qualität der sozialen Beziehungen innerhalb und außerhalb der Familie,
– Begrenzungen in ihren persönlichen Handlungsspielräumen und Zukunftsperspektiven sowie
– Verschlechterungen im Gesundheitsverhalten (z.B. Ernährung, Schlafqualität, gesundheitliche Vorsorge)
erleben.
Somit müssen pflegende Angehörige von DemenzpatientInnen als Risikopopulation für physische und psychische Erkrankungen betrachtet werden.

Die Versorgung eines demenzkranken Menschen stellt für die pflegenden Angehörigen eine chronische Belastungs- und Stresssituation mit nachhaltigen Auswirkungen auf die körperliche und psychische Gesundheit sowie die sozialen Beziehungen dar (Gunzelmann, 1991; Gilhooly et al., 1994; Adler et al., 1996; Goode et al., 1998; Gräßel, 1998; Ory et al., 1999; Wilcox & King, 1999; Wilz et al., 1999).

Eindrucksvoll wird dies anhand einiger beispielhafter Zitate aus Interviews und Beratungsgesprächen mit Angehörigen deutlich, die im Rahmen der einleitend genannten Projekte zur Angehörigenberatung bei Demenz an der Universität Leipzig geführt wurden.

Auf die Frage, was an der gegenwärtigen Situation am schlimmsten sei, wurden folgende Probleme genannt: Inkontinenz („Er hat mich angekackt"), Aggressivität („Wutanfälle, Schlagen, Kneifen"), fehlende Einsichtsfähigkeit („Sie ist keinen Vernunftgründen zugänglich"), Desorientiertheit („Sie möchte immer nach Hause, obwohl sie doch da ist") oder der Verlust der Kommunikationsfähigkeiten („Die Mutter ist kein Ansprechpartner mehr").

Einschränkungen eigener Freiräume zeigen sich an Äußerungen wie „Ich bin festgenagelt, gefesselt", „Man kann nicht mehr wie man möchte", „Frei fühle ich mich nie" oder „Ich habe kein eigenes Leben mehr". Häufig resignieren Angehörige deshalb nicht nur in der Pflegesituation, sondern sogar hinsichtlich ihrer gesamten Lebensgestaltung („Ich bin mitgestorben").

Im Folgenden soll die Belastungssituation pflegender Angehöriger anhand eines zusammenfassenden Überblicks über die aktuelle Forschung verdeutlicht werden. In gesundheitlicher Hinsicht weisen pflegende Angehörige im Vergleich mit der altersentsprechenden Allgemeinbevölkerung Einbußen und psychosomatische Beschwerden auf (Adler et al., 1996; Gräßel, 1998; Ory et al., 1999; Wilcox & King, 1999). An erster Stelle stehen chronische Schmerzen (v. a. Rücken- oder Gliederbeschwerden), Erschöpfungszustände, Schlafstörungen oder Appetitlosigkeit. Beobachtet werden außerdem Beeinträchtigungen des kardiovaskulären Systems mit Herzbeschwerden, einer Erhöhung der Herzfrequenz und des Blutdrucks. Darüber hinaus wurde bei pflegenden Angehörigen eine Schwächung des Immunsystems mit einem negativen Verhältnis von Helfer- zu Suppressor-T-Lymphozyten und einer verminderten humoralen Immunantwort gefunden, so dass sich die Anfälligkeit gegenüber Infektionen erhöht. In der Selbsteinschätzung bewerten Angehörige, insbesondere EhepartnerInnen, ihren eigenen Gesundheitszustand häufig sogar schlechter als den des dementiell erkrankten Familienmitgliedes. Als Folge der gesundheitlichen Einschränkungen findet sich bei Angehörigen ein gegenüber der Allgemeinbevölkerung erhöhter Konsum von Schlaf- und Beruhigungsmitteln. Pflegende EhepartnerInnen sind meist stärker gesundheitlich belastet als Kinder oder andere Angehörige.

Einbußen des psychischen Wohlbefindens zeigen sich vor allem in einer gegenüber der Allgemeinbevölkerung erhöhten Depressivität, die teilweise sogar im Bereich klinisch bedeutsamer Störungen liegt, sowie in Gefühlen von Pessimismus, Reizbarkeit oder Resignation (Adler et al., 1996). Darüber hinaus zeigen Angehörige mehr Ängstlichkeit und Feindseligkeit und ein geringeres Ausmaß an Lebenszufriedenheit. Sie erleben sich in ihren persönlichen Freiräumen, Lebensperspektiven und in ihren Sozialkontakten drastisch eingeschränkt. In vielen Fällen sind soziale Beziehungen sogar nur auf den demenzkranken Angehörigen oder auf wenige andere Familienmitglieder beschränkt und Kontakte zu Freunden oder Nachbarn gehen verloren. Durch weitere Belastungen, etwa im Beruf oder durch andere familiäre Verpflichtungen, wird die Überforderung der Angehörigen zusätzlich verstärkt.

Trotz dieser erheblichen Belastung, die durch Gefühle der Hilflosigkeit noch erhöht werden, sind Angehörige bereit, sich und ihre Bedürfnisse völlig aufzugeben, um die Versorgung leisten zu können und die Übersiedlung des erkrankten Menschen in ein Pflegeheim zu vermeiden. Sie erleben zwar auch Todeswünsche und Phantasien der Trennung gegenüber dem erkrankten Menschen, verleugnen diese Gefühle aber und stellen die Sorge um den Kranken ganz in den Mittelpunkt ihres Erlebens. Das eigene Befinden wird eng mit dem des erkrankten Familienmitgliedes verknüpft und die Angehörigen sind der Überzeugung, es könne ihnen nur besser gehen, wenn sich auch der gesundheitliche Zustand des Demenzpatienten wieder verbessere.

Für die therapeutische Unterstützung von Angehörigen ist es bedeutsam, wichtige Bedingungen der Belastung näher zu kennen. Ein höheres Ausmaß an dementieller Symptomatik oder Pflegebedürftigkeit, ein größerer Umfang notwendiger Pflegeleistungen oder eine längere Pflegedauer können zu einem höheren Belastungserleben führen. Dieser Zusammenhang findet sich aber nicht konsistent in allen Untersuchungen (Adler et al., 1996). Bedeutsam ist meist das Ausmaß kognitiver Einschränkungen von DemenzpatientInnen und das Auftreten von Verhaltensstörungen wie beispielsweise Aggressivität. Je höher diese ausgeprägt sind, desto stärker fühlen sich die Angehörigen belastet und die Bereitschaft zur Institutionalisierung des erkrankten Menschen nimmt zu (Vetter et al., 1997; Pullwitt, Seibert & Fischer, 1996). Ein weiterer wesentlicher Belastungsfaktor stellt in diesem Zusammenhang die Inkontinenz des Demenzkranken dar.

Eine höhere Belastung findet sich außerdem, wenn die Anforderungen der Pflege mit anderen Rollenverpflichtungen und Bedürfnissen in Konflikt geraten und die Angehörigen zunehmend das Gefühl haben, die Pflegesituation nicht mehr kontrollieren zu können.

Neben objektiven Faktoren (z.B. Ausmaß der Demenz) und subjektiven Bewertungen nimmt schließlich auch die Qualität der emotionalen Beziehung zwischen pflegendem und demenzkrankem Familienmitglied Einfluss auf das Belastungserleben. So hat sich in eigenen Untersuchungen (Adler et al., 1996; Wilz et al., 1999) gezeigt, dass die Beziehungsqualität und der Grad der emotionalen Abhängigkeit stärker mit dem Belastungserleben in Zusammenhang stehen als die objektivierbaren Bedingungen der Pflege. So fanden sich Unterschiede im Belastungserleben zwischen Angehörigen, die als „emotional abhängig" bzw. „emotional autonom" eingeschätzt worden waren.

Kriterien für eine hohe emotionale Abhängigkeit waren folgende Aspekte: Erleben von Schuldgefühlen bei Unternehmungen ohne den/die Kranke/n, Verleugnen oder Zurückstellen eigener Bedürfnisse, Unfähigkeit zur Annahme von Hilfen, subjektiv erlebte Unentbehrlichkeit in der Pflege, enge Verknüpfung des eigenen Wohlbefindens mit dem des/der Kranken, immer wiederkehrendes Verleugnen oder unrealistische Interpretationen von Krankheitssymptomen, Fehlen eigener Perspektiven außerhalb der Pflege.

Emotional abhängige Angehörige waren im Vergleich mit emotional autonomen Angehörigen unabhängig von der dementiellen Symptomatik oder Pflegebedürftigkeit des erkrankten Familienmitglieds stärker in ihren sozialen Kontakten eingeschränkt, fühlten sich stärker überfordert, erlebten mehr Ärger in der Pflege und empfanden mehr Angst, schätzten ihre gesundheitlichen Probleme höher ein und gaben ein höheres Ausmaß an Erschöpfung und an depressiven Symptomen an.

Damit zeigt sich, dass die Beziehungsqualität und die individuellen Besonderheiten der biographischen Erfahrungen, die hierauf Einfluss nehmen, zentrale Faktoren des Belastungserlebens darstellen. Belastungen werden demnach nicht nur durch die aktuelle Pflegesituation geprägt, sondern ebenso durch die emotionale Bindung oder Beziehungskonflikte, die unabhängig von der Erkrankung die gemeinsame Lebensgeschichte pflegender und erkrankter Person geprägt haben.

Die Ergebnisse zur Belastungssituation pflegender Angehöriger von DemenzpatientInnen lassen den Schluss zu, dass die Übernahme der Pflege mit einem erhöhten Risiko verbunden ist, selbst krank zu werden. Daraus lässt sich unmittelbar die Notwendigkeit für therapeutische Unterstützung der Angehörigen ableiten. Da die Beziehungsgestaltung offensichtlich eine zentrale Bedeutung für das Belastungserleben hat, sollte die therapeutische Unterstützung der Angehörigen neben der Bearbeitung von Problemen der Betreuung, Pflege und des Umgangs mit dem erkrankten Menschen sowie der Inanspruchnahme von Hilfen auch die Beziehungsdynamik zwischen pflegendem und erkranktem Familienmitglied thematisieren (siehe Kapitel 3 „Demenz als Familienkrankheit").

4.2 Belastungsverarbeitung pflegender Angehöriger

In die therapeutische Arbeit sollte das vorliegende Wissen über die Art und Effektivität der Belastungsverarbeitung von pflegenden Angehörigen einbezogen werden. Die Kenntnis sowohl stressmindernder wie auch stressfördernder Bewältigungsreaktionen kann von der Gruppenleitung in gezielte therapeutische Interventionen umgesetzt werden. So können belastungsreduzierende Strategien in der Gruppentherapie vermittelt und erprobt werden sowie belastungsfördernde Reaktionen aufgezeigt und vermindert werden.
Im folgenden wird der für die Gruppenarbeit relevante Wissensstand zu diesem Thema auf der Basis internationaler Studien und eigener Untersuchungen zusammengefasst.

4.2.1 Forschungsstand

Internationale Studien zur Bewältigung der Pflegesituation kommen zusammenfassend zu folgenden Ergebnissen:
Als *belastungsreduzierende* und somit *gesundheitsförderliche* Bewältigungsreaktionen werden problemorientiertes Coping, Problemanalyse, Informationssuche, positive Umstrukturierung (gedankliche Neubewertung, z.B. von Situationen oder Verhaltensauffälligkeiten) sowie eine realistische Sicht und ein Akzeptieren der Pflegesituation angegeben. Diesen Strategien wird eine positive Wirkung auf die psychische Befindlichkeit (Depressivität als Indikator) zugeschrieben. Dagegen führen vermeidende und regressive Copingstile wie Wunschdenken, Resignation und „emotionale Ventilierung" (z.B. Weinen, Klagen) zu vermehrter Depressivität (Quayhagen & Quayhagen, 1988; Vitaliano et al., 1991; Lawton et al., 1991; Williamson & Schulz, 1993; Wright, 1994; Adler et al., 1996; Haley et al.,1996).
Weiterhin wurde die positive Wirkung von *sozialer Unterstützung* auf das gesundheitliche und psychische Wohlbefinden der pflegenden Angehörigen in zahlreichen Studien bestätigt (Stommel et al., 1990). Einschränkend muss jedoch hinzugefügt werden, dass soziale Unterstützung nicht a priori eine entlastende Wirkung hat, sondern hierbei die *subjektiv wahrgenommene* Qualität und Verfügbarkeit eine wesentliche Rolle spielt (Wortman, 1984). So kann bereits die prinzipielle Möglichkeit zur Unterstützung als entlastend wahrgenommen werden, unabhängig davon, ob diese tatsächlich in Anspruch genommen wird. Dieser Effekt gilt insbesondere dann, wenn die familiären Beziehungen als grundsätzlich positiv erlebt werden (Coen & Swanwick, 1997; Robinson, 1989; Schulz & Williamson, 1991; Clipp & George, 1990). Im Gegensatz zu diesen Ergebnissen fanden Adler et al. (1996), dass Angehörige mit Unterstützung signifikant *mehr* Gliederschmerzen und Herzbeschwerden erlebten. Möglicherweise wird im Sinne der Kaskadenhypothese (Bodenmann, 1997; Burr & Klein, 1994) soziale Unterstützung erst dann in Anspruch genommen, wenn das Belastungserleben (z.B. Körperbeschwerden) hoch ausgeprägt ist oder eigene Bewältigungsreaktionen versagt haben. Zusammenfassend wird deutlich, dass die *Qualität* der sozialen Unterstützung und der *Kontext* entscheidend für deren potentiell entlastende Wirkung sind.

4.2.2 Ergebnisse eigener Einzelfallstudien

Mit Hilfe von Tagebüchern, in denen Angehörige ihre Erfahrungen mit der Versorgung eines demenzkranken Familienmitglieds festhielten, konnte das Bewältigungsverhalten der Angehörigen über längere Zeiträume verfolgt werden (Wilz, 2000; Wilz, im Druck). Die Ergebnisse dieser Einzelfallanalysen auf der Basis von Tagebuchaufzeichnungen liefern differenzierte Erkenntnisse bezüglich der Art und Effektivität von Bewältigungsreaktionen bei pflegenden Angehörigen. Zum einen ist eine sehr hohe interindividuelle Variabilität des Repertoires der Bewältigungsformen bei den Angehörigen festzustellen (je nach Einzelfall reichte das Repertoire von 2 bis 18 verschiedenen Bewältigungsreaktionen). Zum anderen zeigt sich, dass die unter 4.2.1 referierten Ergebnisse bezüglich belastungsinduzierender und belastungsreduzierender Bewältigungsreaktionen in Abhängigkeit von individuellen Faktoren der Person und des Umfeldes betrachtet werden müssen.

Im Folgenden werden anhand von Tagebuchaufzeichnungen *hilfreiche Bewältigungsreaktionen* beschrieben:

- *Entspannung/Kompensation und Optimismus*

Generell positive Effekte auf die Befindlichkeit konnten nur für die Bewältigungsreaktionen *Entspannung/Kompensation* und *Optimismus* gefunden werden. So hatten positive Ereignisse auch bei chronisch bestehenden Körperbeschwerden einen gesundheitsfördernden Effekt für die pflegenden Angehörigen.

„Durch einen langen Spaziergang mal herausgekommen aus der Enge der Wohnung, hat sehr gut getan, leise Freude über die kleinen, schüchternen Blumen im Holz. Es tat uns beiden wohl, in der frischen Luft zu wandern. Das Grün ist einfach zauberhaft, die Natur ist zu schön in dieser Jahreszeit."

„Ich habe etwas Ungewöhnliches getan, ich habe zwei rosa Tulpen gekauft, sie sind so wunderschön. Ich habe gedacht, dass ich auch was für mich tun kann, ich habe die schönen Blumen bewundert, Trost gefunden."

„Ich habe für mich überall in der Wohnung recht schöne Deckchen ausgelegt. Sie sind hell und bunt. Das beruhigt mich. Es ist Frühling. Wie schön! Ich habe gern gewollt, dass die gedrückte Stimmung aufgeheitert wird."

„Ich habe viel gelesen, in der Sonne gelegen und habe Freude und Entspannung empfunden."

„Ich habe die Tür zugemacht, habe mich hingesetzt und habe ein wunderschönes Konzert angehört, dann habe ich in aller Ruhe ein bisschen gehäkelt, dann habe ich ein bisschen gelesen, habe ich mich ein bisschen hingelegt, ich habe mich so richtig entspannt."

„Ich war den ganzen Tag mit der Familie im Garten. Die Seele baumeln lassen, trotz Hitze!"

„Ich habe gefaulenzt, gedacht, diese Ruhe tut gut."

„Ich habe trotz der Unruhe das Gefühl der Sicherheit gehabt – ich schaffe es."

„Ich habe eine Vorfreude auf die hellere und schönere Jahreszeit gehabt."

- *Informationen*

Informationen über die Krankheit und Symptomatik sind vor allem am Anfang der Pflege von besonderer Bedeutung.

„Ein Buch von Lilli Feldmann gekauft: sehr interessant und aufschlussreich. Das hätte ich vor einem halben Jahr lesen müssen. Ich hätte meine Situation besser eingeschätzt."

„Habe das Buch von Frau Schulze-Gerlach gelesen. Das hat mir sehr geholfen: ich bilde mir immer ein, dass meine Situation mit den Eifersuchtsausbrüchen einzigartig ist, außerdem habe ich immer das Gefühl, dass diese Situation eine Schande für mich ist, ich schäme mich sehr, dass mir solche Handlungen unterstellt werden. Das Buch hilft mir diese Haltung zu überwinden, es hat etwas Tröstliches, ich bin nicht allein, es leiden mit mir noch viele Menschen an der verfluchten Krankheit, ich fühlte Ohnmacht und Trost zugleich."

- *Ablenkung*

Ablenkende Reaktionen können in bestimmten Situationen belastungsreduzierend wirken.

„Ansonsten versuche ich alles, um mich irgendwie abzulenken. Da häkle ich wieder so unendlich viele Lappen. Und die Hände sind dann geschmeidig, da brauche ich nichts zu sagen, da sitze ich da und arbeite – da bin ich ruhig."

„Ich habe etwas Handarbeit gemacht, um mich zu fassen."

- *Distanzierung*

Manchen Angehörigen hilft es, sich vorübergehend zurückzuziehen.

„Wenn es mir zu viel wird, dann nehme ich ein Buch und die Brille und da gehe ich ins kleine Zimmer und da lege ich mich aufs kleine Sofa und wenn ich ihn kommen höre, mache ich die Augen zu, da denkt er, ich schlafe und da lässt er mich in Ruhe."

- *Problemanalyse und Problemlösen*

Eine zielgerichtete Problemanalyse und aktives Problemlösen tragen zu einer besseren Befindlichkeit der Angehörigen bei. Entscheidend hierbei ist, dass sich die Angehörigen nicht passiv und hilflos erleben und ihre Bemühungen positive Veränderungen bewirken.

„Ich habe mir wieder vor Augen geführt, wie es Mutti gehen mag, wenn Probleme auftreten, die sie nicht mehr versteht, für mich aber z.T. unbegreiflich sind, darüber nachgedacht, wie ich mich

besser verhalten soll, ohne gleich ungeduldig zu werden."

„Ich habe sehr gründlich darüber nachgedacht, wie sich die Situation zum Guten wenden könnte: Welcher Umstand bringt ihn in Wut und was war die Ursache der plötzlichen Friedfertigkeit?"

„Ich muss mir immer wieder sagen, dass mein Mann ein kranker Mensch ist. Ich erwarte und verlange von ihm normales Verhalten. Er kann das nicht!"

„Ich habe überlegt, wie ich eine solche Situation in Zukunft vermeide."

„Ich habe vieles besorgt, einen guten Plan gemacht."

„Ich habe mich überwunden und habe die Angelegenheiten erledigt, die ich sehr ungern tue."

„Gegen Abend ist mir gelungen, ihn zum Spazierengehen zu bewegen."

„Ich habe mir fest vorgenommen, ab heute ihn zu baden und zu rasieren. Ich habe mich für diese Arbeit positiv eingestimmt, den Rasierapparat studiert und dann ging ich zur Tat, ein tolles Gefühl, sich selbst zu besiegen."

• *Akzeptieren*

Das Akzeptieren der Veränderungen durch die Erkrankung ist meist ein langwieriger Prozess, der durch Schwankungen in der Symptomatik erschwert wird.

„Ich habe immer gezweifelt: Ist es Bosheit oder Wahn? Aber das ist wirklich Wahn."

„Ich habe gedacht, dass ich leider an den Stimmungen meines Mannes nichts ändern kann."

„Ich tröste mich immer damit: Mein Gott, er ist doch krank."

• *Soziale Unterstützung*

Die Unterschiede unter pflegenden Angehörigen in der Qualität und im Ausmaß an erhaltener sozialer Unterstützung sind beträchtlich. Diejenigen Angehörigen mit geringer Unterstützung weisen die höchsten Depressionswerte auf. Insbesondere in hoch belastenden Situationen führt ein Mangel an emotionaler Unterstützung zu einer deutlich negativen Befindlichkeit.

Veränderungen im Ausmaß und der Qualität der sozialen Unterstützung im Pflegeverlauf bestimmen maßgeblich das Belastungserleben und die Art und Effektivität der Belastungsverarbeitung:

„Und ich habe das lange verschwiegen, ich wollte das Bild des Vaters ihnen noch irgendwie erhalten, aber das hat keinen Zweck. Die wussten nicht, wie schlimm es ist. Die wollten ja gar nicht glauben, dass ihr Vater krank ist."

„Ja, das ist für mich eine große Erleichterung, ich habe lange gezögert, dann habe ich es meinen

Kindern gesagt. Das hat mir sehr gut getan, und vor allen Dingen, die haben mal beide gesagt: Mutti, wenn was ist, dann rufst Du an, wir sind gleich da."

„Meine Tochter und mein Schwiegersohn waren sehr lieb und hilfreich, ich kann froh sein, dass ich Hilfe bekomme, vielleicht begreifen sie endlich, wie es um ihren Vater steht."

„Meine Kinder wollen an meinen Problemen teilnehmen, sie wollen mir helfen, trösten und unterstützen mich, das ist meine einzige Hoffnung."

„Habe meinen Sohn angerufen, er kommt auf einige Tage zu Besuch – eine kleine Hoffnung wächst. Er hat das alles schön geregelt und hat mich stark unterstützt."

Insgesamt verdeutlichen die Analysen der verlaufsorientierten Einzelfallstudien (Wilz, 2000; Wilz, im Druck), dass die oben beschriebenen Bewältigungsreaktionen *nicht unabhängig* von den *Pflegebedingungen,* von der *Person* und der jeweiligen *Lebenssituation* betrachtet werden können. So hängt es von vielen moderierenden Faktoren ab, welches Bewältigungsverhalten gezeigt wird und wie sich diese Reaktionen auf die psychische und physische Befindlichkeit auswirken. Als wesentliche moderierende Faktoren der Belastungsverarbeitung sind Veränderungen der Lebenssituation, Neubewertungen der Symptomatik und der Pflegesituation, die Beziehungsqualität zum Demenzkranken, das Erleben von Unkontrollierbarkeit in der Situation sowie eine Kumulation von Stressereignissen zu nennen. Beispielhaft werden im Folgenden einige dieser Faktoren erläutert:

• *Veränderungen der Lebenssituation*

Veränderungen der Lebenssituation können erhebliche positive Auswirkungen auf das psychische Befinden haben. Eine pflegende Ehefrau, die nach mehreren Monaten des *„Eingesperrtseins"* (ihr demenzkranker Ehemann hatte ihr in seinem Eifersuchtswahn verboten, alleine das Haus zu verlassen) wieder alleine einkaufen gehen darf, erlebt dies folgendermaßen:

„Ich hatte heute den Spaß, alleine in einen Supermarkt zu gehen. Ich habe nicht viel eingekauft, aber dafür durfte ich allein herumlaufen. Das Laufen tat mir auch wohl. Ich habe gedacht: wenigstens zwei Stunden frei, ich habe mich frei gefühlt."

• *Neubewertungen der Symptomatik und Pflegesituation*

Im Pflegeverlauf können aktuelle Ereignisse oder Veränderungen in der Symptomatik sowie die

Auseinandersetzung mit der Erkrankung zu einer neuen Bewertung der Pflegesituation führen. Die erlebte Belastung kann sich dadurch verändern. Je weniger beispielsweise Angehörige subjektiv glauben, die Pflege noch bewältigen zu können, desto wahrscheinlicher ist die Institutionalisierung des erkrankten Familienmitglieds (Vetter et al., 1997; Goode et al., 1998). Die Zunahme der körperlichen Pflegebedürftigkeit beim Kranken (und damit verbunden weniger körperliche Unruhe) kann jedoch auch eine positive Einschätzung der eigenen Leistungen und eine damit verbundene Belastungsreduzierung zur Folge haben. Die folgenden beiden Zitate illustrieren diese Form der Neubewertung:

„Also, er ist sehr hilflos, aber mich stört das nicht, wissen Sie – dieser aggressive bösartige und misstrauische Mann, der hat mich kaputt gemacht. Also wirklich, ich war vollkommen fertig, ich bin fertig gemacht worden; hätte es noch länger gedauert – ich hätte nicht mehr leben wollen. Wissen Sie, ich erlebe das jetzt als eine Erleichterung, und dass ich ihn mehr pflegen muss, das macht mir nicht viel aus."

„Ich bin erschöpft, aber auch froh, dass ich alles gepackt habe. Das regt mich nicht mehr auf, das habe ich mir alles abgewöhnt. Das berührt mich nicht mehr so persönlich."

- *Erleben von Unkontrollierbarkeit und Kumulation von Stressereignissen*

Eine Zunahme der Belastung findet sich, wenn die Situation als unkontrollierbar erlebt wird, eine Kumulation von Stressereignissen eintritt und die Handlungsmöglichkeiten der Angehörigen eingeschränkt sind. Wie Angehörige dies erleben, illustrieren die folgenden Zitate:

„Ich habe das Gefühl der Ohnmacht und Hilflosigkeit gehabt."

„Wie lange hältst Du es noch aus? Bald muss etwas geändert werden. Unendliche Hoffnungslosigkeit, Trauer und Kränkung."

„Ich mache mir große Sorgen, wie mein Leben weitergehen soll. Ich tue alles, um keinen Ärger zu haben – doch umsonst. Ich denke zu oft an Selbstmord."

Zusammenfassend zeigen die Ergebnisse zur Belastungsverarbeitung, dass die beschriebenen Strategien eine Belastungsreduzierung bewirken können. Die therapeutische Gruppenarbeit sollte sich deshalb besonders auf die Entwicklung oder Stärkung dieser Strategien konzentrieren. Wichtige therapeutische Methoden der Gruppenarbeit sind in diesem Zusammenhang Entspannungsübungen, Wissensvermittlung, Problemlösetraining, kognitive Umstrukturierung und die Aktivierung von sozialer Unterstützung und Selbsthilfepotentialen. Diese Methoden müssen sich stets an der Individualität der Angehörigen und ihrer spezifischen Lebenssituation orientieren. Nur so können therapeutische Interventionen eine Entlastung für die Angehörigen bewirken.

Kapitel 5

Erfahrungen und Ergebnisse zur therapeutischen Gruppenarbeit

Im Folgenden werden Erfahrungen und Ergebnisse mit den nach unserem therapeutischen Konzept durchgeführten Angehörigengruppen dargestellt. Die beschriebenen Gruppen wurden von uns im Rahmen der in Kapitel 1 „Einführung" beschriebenen Projekte durchgeführt. Im ersten Teil wird zunächst der aktuelle Forschungsstand aus der Literatur zur Effektivität von Angehörigengruppen bei Demenzkranken referiert. Im zweiten Teil wird die Evaluation einer unserer Angehörigengruppen auf quantitativer Basis vorgestellt. Im letzten Abschnitt werden die zusammengefassten Ergebnisse aller von uns durchgeführten Angehörigengruppen, die auf dem subjektiven Urteil der Angehörigen beruhen, referiert sowie Fallbeispiele zur Illustration der Effektivität beschrieben.

5.1 Stand der Therapieforschung zur Effektivität von Angehörigengruppen

Die bisher vorliegenden Evaluationsstudien zu Angehörigengruppen kommen übereinstimmend zu dem Ergebnis, dass die Wirksamkeit sowohl von den Angehörigen als auch von der Gruppenleitung übereinstimmend positiv beurteilt wird (Toseland et al., 1989). Für die Angehörigen sind die Gruppengespräche insbesondere im Hinblick auf folgende Aspekte bedeutsam:

- Austausch mit anderen, die mit ähnlichen Problemen konfrontiert sind
- Informationen über die Krankheit und Hilfsangebote
- Kennenlernen neuer Lösungswege im Umgang mit den Kranken.

Von der Gruppenleitung werden als positive Effekte vor allem eine verbesserte Kompetenz im Umgang mit den Kranken und die Entlastung für die Angehörigen wahrgenommen (Romero, 1991). Ein weiterer positiver Effekt, der durch die Teilnahme an einer Angehörigengruppe erzielt werden kann, ist eine verzögerte Heimunterbringung der Demenzkranken.

Bourgeois et al. (1996) beurteilten in einer Metaanalyse Befunde von Evaluationsstudien zur Effektivität von Angehörigengruppen. Zusammenfassend wurden folgende Effekte der Gruppeninterventionen gefunden:

Reduktion der sozialen Isolation, verbesserte Qualität der sozialen Unterstützung, Reduktion von Depressivität, Ängstlichkeit und von Schlafstörungen, positive Effekte auf das Selbstwertgefühl und Kontrollerleben der Angehörigen, Prävention von Krisensituationen, Reduktion von physischen Beschwerden, effektiveres Coping, Hilfe bei der Lösung von Problemen, bessere Fähigkeiten im praktischen und emotionalen Umgang mit den Demenzkranken, Anstieg des Wissens und der Kompetenz in bezug auf die Erkrankung und ein verbessertes Beziehungserleben zwischen Angehörigen und Demenzkranken.

Studien, die Interventionseffekte in bezug auf Gesundheits- und Befindlichkeitsmaße mittels *standardisierter Verfahren und im Vergleich zu einer Kontrollgruppe untersuchten*, erbrachten jedoch zum Teil unterschiedliche Ergebnisse. So konnten einige Studien im Vergleich zu einer Kontrollgruppe keine oder nur geringe Verbesserungen für die Interventionsgruppen nachweisen (Toseland & Rossiter, 1989; Knight, Steven & Macofsky-Urban 1993). Gründe für diese Befunde sind in der Heterogenität der vorliegenden Studien im Hinblick auf die TeilnehmerInnen, die Interventionsmethoden und die Evaluationsmethoden zu suchen. Die Diskrepanz zwischen der Zufriedenheit der TeilnehmerInnen, dem Urteil der Gruppenleitung und den objektiven Evaluationsergebnissen kann neben den beschriebenen methodischen Problemen auch durch die Spezifität der Situation und der Klientel begründet werden. Die sich ständig verändernde Symptomatik (in Richtung einer progredienten Verschlechterung) erfordert jeweils neue Anpassungsleistungen an die veränderten Pflegeanforderungen, so dass sich auch die Belastungssituation qualitativ und quantitativ ständig verändert. Deshalb kann es im Einzelfall bereits als positiver Beratungseffekt gewertet werden, wenn das Belastungserleben der Angehörigen im Laufe der Gruppenarbeit konstant bleibt, während die Pflegeanforderungen und die Störungen der DemenzpatientInnen in der gleichen Zeit objektiv weiter zunehmen. Auch in Anbetracht der Heterogenität der Pflegesituation und des Belastungserlebens der Angehörigen können positive Veränderungen nicht einzelfallübergreifend definiert und erfasst werden, sondern nur jeweils in bezug auf die spezifische Situation der Angehörigen und Merkmale der Pflege (Görres, 1993).

Die beschriebenen Befunde beziehen sich weitgehend auf Angehörigengruppen mit einem psychoedukativen Ansatz und kurzer Dauer (meist 8 Sitzungen). *Psychotherapeutische Gruppen* für pflegende Angehörige von Demenzkranken sind bisher wenig beschrieben und kaum evaluiert. Im folgenden wird die Evaluation des hier vorgestellten therapeutischen Gruppenkonzeptes dargestellt.

5.2 Evaluation der Gruppenarbeit auf quantitativer Basis

Die hier referierten Ergebnisse beziehen sich auf eine Angehörigengruppe, die nach dem oben beschriebenen Konzept im Zeitraum von Juni 1994 bis Juli 1995 durchgeführt wurde (30 Sitzungen). Die Gruppe setzte sich aus neun pflegenden EhepartnerInnen im Alter zwischen 56 und 77 Jahren zusammen. Die Gruppenleitung bestand aus einer Psychologin und einem Psychologen (beide Zusatzausbildung in Verhaltenstherapie).

Im Folgenden werden die Ergebnisse des Vergleichs von Angehörigen, die an der oben beschriebenen Gruppe teilnahmen (N=9), mit einer parallelisierten Stichprobe von Angehörigen dargestellt, die nicht teilnahmen und auch keine längerfristige Einzelberatung in Anspruch nahmen. Diese beiden Subgruppen unterscheiden sich nicht hinsichtlich der Schweregradverteilung der dementiellen Symptomatik, der Pflegebedürftigkeit, des Ausmaßes der Pflege, der Dauer der Pflegesituation oder des Alters der pflegenden Person. Mögliche Unterschiede im Belastungserleben können somit nicht auf diese Bedingungen der Pflege zurückgeführt werden.
Für die Überprüfung von Effekten der Gruppentherapie wurden von den Angehörigen verschiedene Fragebögen zum psychischen und körperlichen Befinden beantwortet. Beide Gruppen wurden zu zwei Zeitpunkten befragt (vor Beginn und nach Beendigung der Gruppentherapie). Die damit ermittelten Vor- und Nachtestwerte wurden jeweils gesondert für beide Gruppen verglichen (da nicht von allen Befragten alle Fragebögen gleichermaßen beantwortet wurden, unterscheiden sich in der Aufstellung die jeweiligen Fallzahlen).
Im Bereich der psychischen und physischen Beschwerden (erhoben mit dem „Costs of Care Index", Kosberg & Cairl, 1986) konnten für die

TeilnehmerInnen der Gruppe gegenüber den Vortests signifikant mehr Personen mit Verbesserungen gefunden werden als mit Verschlechterungen oder einer Konstanz der Werte (p<.01). Bei den Nicht-TeilnehmerInnen war dies nicht der Fall (siehe Abbildung 1).

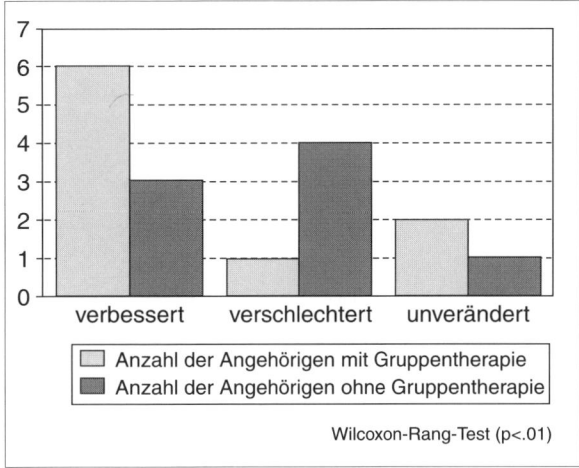

Abbildung 1:
Veränderungen der psychischen und physischen Beschwerden. Skala des CCI (Cost of Care Index, Kosberg & Cairl, 1986)

Eine ähnliche Entwicklung zeigt sich für die GruppenteilnehmerInnen auch hinsichtlich von Herzbeschwerden. Somit zeigte die Gruppenarbeit für die TeilnehmerInnen positive Effekte im Bereich psychosomatisch (mit-bedingter) Beschwerden (p<.05).

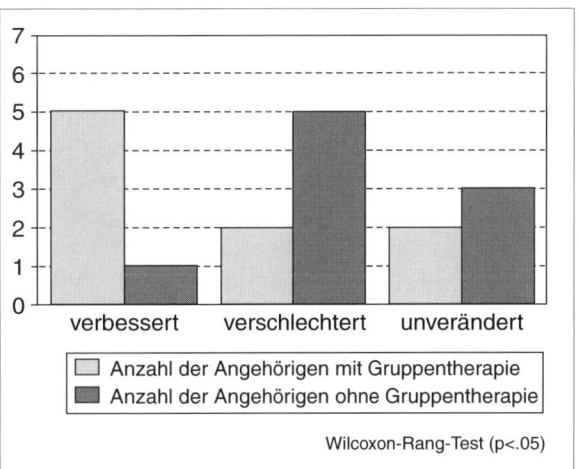

Abbildung 2:
Veränderungen der Herzbeschwerden. Skala des GBB (Gießener Beschwerdenbogen, Brähler & Scheer, 1995)

Statistisch ließ sich die Effektivität des Programms somit für zwei Belastungsmaße nachweisen (siehe auch Wilz, 1998). Diesbezüglich muss kritisch angemerkt werden, dass die Aussagekraft von zwei Messzeitpunkten dem Prozesscharakter dieser Belastungssituation nicht vollständig gerecht werden kann. Das komplexe Gefüge von individueller Pflege- und Belastungssituation und spezifischen therapeutischen Interventionen kann differenzierter und prozesshaft mittels Tagebuchstudien analysiert werden (Wilz, et al., 1997). Diese Tagebuchstudien zeigen auf, dass die individuelle Belastungsverarbeitung täglichen Schwankungen unterliegt, welche vielfältige Ursachen haben können, sich jedoch im Therapieverlauf in erwarteter Weise ändern.

Um die Effektivität des Programms einschätzen zu können, sollten aus den genannten Gründen neben standardisierten Fragebögen zusätzliche Kriterien wie das subjektive Urteil der Angehörigen sowie die Stabilität der Selbsthilfegruppe beachtet werden.

Ab August 1995 wurde die oben beschriebene therapeutische Angehörigengruppe als Selbsthilfegruppe weitergeführt. Die Selbsthilfegruppe traf sich im gewohnten 14-tägigen Rhythmus über einen Zeitraum von 2 Jahren. Dass die Angehörigen mehrere Jahre regelmäßig in der üblichen Frequenz und Dauer (90 Minuten) zusammenkamen, kann als Hinweis auf den entlastenden Effekt der Gruppe und deren Bedeutsamkeit für die Angehörigen bewertet werden.

5.3 Subjektive Zufriedenheit der Angehörigen – Ergebnisse aus den Angehörigengruppen

Wie auch in anderen Effektivitätsstudien ist die subjektive Bewertung der Gruppentherapie durch die Angehörigen sehr positiv. Den Angehörigen wurde im Therapieverlauf mehrfach ein Evaluationsbogen vorgelegt (siehe Kapitel 15 „Dokumentation und Supervision"). Auf jeweils fünfstufigen Ratingskalen sollten die Angehörigen angeben, ob ihnen die Gruppengespräche „etwas gegeben" hätten (Rating „sehr viel" – „sehr wenig") und wie entlastend bzw. belastend die Gruppenstunden erlebt wurden (Rating „sehr entlastend" – „sehr belastend"). In diesem Rating wurde der Nutzen der Gruppengespräche insgesamt als „sehr viel" und „viel" bewertet, der Effekt der Gruppenstunden als „sehr entlastend" und „entlastend".
Auf die Frage: „Was hat Ihnen an den letzten 5 Gruppensitzungen gefallen" wurden unter anderem folgende Aspekte genannt:

- „Es war ein sehr schönes Gefühl, mit Menschen zusammen zu sein, die diese Aufgabe zu meistern haben. Man ist nicht allein, vergessen und verlassen. Also es ist alles sehr positiv zu beurteilen."
- „Alles ist wunderbar gelaufen. Vielen Dank."
- „Die Gruppe ist immer wie ein kleines Fest, die Entspannung und die Aufmerksamkeit der Gruppenleitung sind herrlich wohltuend, die Gespräche vielseitig."

Zusätzlich zu den Fragebogen-Erhebungen und zum subjektiven Urteil sollen Fallbeispiele aus unseren Angehörigengruppen mögliche therapeutische Effekte beispielhaft beschreiben.
Das folgende Beispiel zeigt, dass der Erfahrungsaustausch in der Gruppe insofern unterstützend wirken kann, als persönliche Erfahrungen in einen größeren und allgemeineren Erfahrungszusammenhang gestellt werden. Das Gefühl, nicht als einziger von einem Problem betroffen zu sein, und die Unterstützung durch die anderen Gruppenmitglieder können Verhaltensänderungen fördern und damit Entlastung schaffen.

Beispiel

Der 74-jährige Herr H. pflegt seine 68-jährige Ehefrau zu Hause. Da diese insbesondere nachts unruhig ist, kann Herr H. seit längerer Zeit nicht mehr durchschlafen. Er leidet deshalb unter starken Erschöpfungszuständen. Aus der Gruppe kommt deshalb der Vorschlag, dass Herr H. aus dem ehelichen Schlafzimmer auszieht und in einem kleineren Nebenzimmer schläft. Dies lehnt Herr H. vehement ab, da er dies als „Verrat" an seiner Frau verstehen würde. Von den anderen Gruppenmitgliedern – alle EhepartnerInnen – erhält er viel Verständnis für diese Haltung, da sie ihre Situation ähnlich erleben oder erlebt haben. So berichtet eine Ehefrau davon, wie schwierig es ihr gefallen sei und wie lange sie dazu gebraucht habe, ohne den Ehemann beispielsweise zum Einkaufen oder zum Friseur zu gehen (und damit etwas für sich selbst zu tun). Berichte anderer Gruppenmitglieder zeigen ähnliche Erfahrungen. Herr H. erlebt dadurch, dass sein Konflikt zwischen der Erfüllung eigener Bedürfnisse und der Fürsorge um seine Frau keine Unfähigkeit zur Bewältigung der Pflege darstellt, sondern ein generelles und nachvollziehbares Problem in der Pflege dementer Ehepartner. Er spürt Entlastung dadurch, dass es „allen so geht", so dass Zweifel an seinen eigenen Fähigkeiten reduziert werden. Darüber hinaus vermitteln ihm die Erzählungen der anderen TeilnehmerInnen, dass die Schaffung eigener Freiräume legitim und letztlich Voraussetzung dafür ist, die Pflege langfristig leisten zu können. Der Wunsch von Herrn H., nachts in Ruhe schlafen zu können, erscheint nicht mehr als egoistisch. Herr H. wird von der gesamten Gruppe unterstützt. Er zieht deshalb „probeweise" zum Schlafen in ein anderes Zimmer und macht damit gute Erfahrungen.

Das folgende Beispiel zeigt, wie entlastend die Vermittlung von Informationen über die Erkrankung sein kann.

Beispiel

Der 64-jährige Herr S. betreut seinen 87-jährigen dementiell erkrankten Vater. Dieser lebt in seiner eigenen Wohnung, wo er von einem ambulanten Dienst versorgt wird. Zusätzlich besucht ihn sein Sohn täglich am Nachmittag. Ein zunehmendes Problem für den Sohn sind die Wahnvorstellungen des Vaters. Dieser berichtet ihm bei jedem Besuch, andere Männer würden an seinem Küchentisch sitzen, mit denen er sich unterhalte. Der Sohn versucht vergeblich, seinen Vater davon zu überzeugen, dass dies nicht der Fall sei. Daraus entstehen immer wieder Konflikte. In der Gruppe werden Symptome einer Demenz erläutert, u.a. auch das Auftreten von Wahnvorstellungen. Herrn S. wird damit deutlich, dass die Wahnvorstellungen seines Vaters ein Krankheitssymptom darstellen und es deshalb nicht sinnvoll ist, mit ihm darüber zu diskutieren. Herrn S. wird empfohlen, einen Arzt wegen einer medikamentösen Behandlung der Wahnsymptome zu Rate zu ziehen. Darüber hinaus wird bei seiner Beschreibung der Symptomatik erkennbar, dass der Vater wenig unter den Wahnvorstellungen leidet. Dem Sohn kann vermittelt werden, dass es deshalb nicht sinnvoll ist, dagegen zu argumentieren. Durch die sachliche Aufklärung über die Krankheitssymptomatik bewertet Herr S. diese als weniger gravierend, er kann sie in den Krankheitsprozess einordnen und damit mehr Verständnis für seinen Vater aufbringen. Die täglichen Besuche werden dadurch entspannter.

Die bisherigen Erfahrungen mit dem hier vorgestellten Konzept eines Gruppenprogramms für pflegende Angehörige von DemenzpatientInnen zeigen, dass die spezifische Kombination und Integration unterschiedlicher therapeutischer Verfahren der komplexen Belastungssituation der Angehörigen gerecht werden kann.

Zusammenfassend kann davon ausgegangen werden, dass ein differenziertes therapeutisches Gruppenangebot für pflegende Angehörige von DemenzpatientInnen eine effektive Form der Gesundheitsförderung und Prävention für diese Personengruppe darstellt. Angesichts der drohenden funktionellen Überlastung familiärer Hilfsstrukturen und der bekannten negativen Folgen für die psychische und physische Gesundheit der pflegenden Angehörigen ist dies auch aus gesellschaftspolitischer Sicht von hoher Bedeutung.

Durch die Entlastung der Angehörigen und die Vermittlung von Problemlösestrategien im Umgang mit dementiell gestörtem Verhalten sind außerdem auch positive Konsequenzen für die PatientInnen selbst zu erwarten. So werden in einer entspannten, emotional sicheren Lebenssituation, in denen demenzkranke Menschen eine angemessene Betreuung und Versorgung erhalten, Verhaltensauffälligkeiten geringer und eine höhere emotionale Stabilität der Erkrankten beobachtet.

II
Organisation und Vorbedingungen

Kapitel 6

Organisatorische Voraussetzungen

In diesem Kapitel werden die wichtigsten organisatorischen Aspekte zur Vorbereitung und Durchführung des Beratungsangebotes dargestellt.

6.1 Öffentlichkeitsarbeit

Vor Gruppenbeginn steht die Aufgabe, pflegende Angehörige über das Beratungsangebot und die Möglichkeit der Entlastung zu informieren. Da sich gerade pflegende Angehörige häufig in einer sozial isolierten Situation befinden, ist es schwierig, diese Personengruppe zu erreichen. Deshalb sollte hierauf besondere Aufmerksamkeit gerichtet werden.

Um Kontakt zu den Angehörigen herzustellen, sind folgende Möglichkeiten sinnvoll:

– Artikel und Hinweise zum Beratungsangebot in der öffentlichen Presse
– Das Einrichten einer Telefonsprechstunde für erste telefonische Beratungen und Vereinbarungen von Gesprächsterminen
– Verteilen eines Faltblattes mit Informationen über das Beratungsangebot und der Erkrankung allgemein in Praxen von niedergelassenen Neurologen und Allgemeinmedizinern, in Kliniken, Tagespflegeeinrichtungen und Apotheken sowie an ambulante Pflegedienste und Krankenkassen
– Informationsveranstaltungen in Seniorenclubs

Die aufgeführten Möglichkeiten sind nicht als einmalige Öffentlichkeitsarbeit zu betrachten, sondern sollten wiederholt initiiert werden.

6.2 Telefonsprechstunde

Die Telefonsprechstunde ermöglicht den Angehörigen eine Beratung und Kontaktaufnahme mit geringem zeitlichen und organisatorischen Aufwand. Auch ist hierbei eine niedrigere Hemmschwelle zu überwinden als dies bei einem persönlichen Aufsuchen der Beratungsstelle der Fall wäre. Die Angehörigen können sich so unverbindlich einen ersten Eindruck von dem Beratungsangebot verschaffen, erste Fragen klären und gegebenenfalls einen Gesprächstermin vereinbaren. Die Telefonsprechstunde sollte zu einer festen Zeit, etwa für 1–2 Stunden einmal in der Woche erfolgen (diese Zeiten sind zu veröffentlichen: z. B. in der öffentlichen Presse, Stadtmagazin, Seniorenclubs, Arztpraxen etc.). Günstig ist es, wenn die telefonische Beratung von den GruppentherapeutInnen durchgeführt wird, so dass die Einzeltermine schon direkt mit der/dem BeraterIn vereinbart werden können.

6.3 Voraussetzungen für eine Beratungsstelle

Das Beratungsangebot sollte nach unserer Erfahrung für eine Großstadt (500.000 EinwohnerInnen) etwa 7–14 Wochenstunden betragen. Diese Stundenzahl beinhaltet wöchentlich stattfindende 1,5-stündige Angehörigengruppen (1x für pflegende Kinder, 1x für pflegende EhepartnerInnen im Wochenwechsel), feste Zeiten für ein Beratungstelefon (wöchentlich 1 h) und die Durchführung von Einzelberatungsgesprächen und Hausbesuchen (wöchentlich 5 h).

Zur Durchführung der Angehörigen- und Betreuungsgruppe werden 14-tägig zwei benachbarte Räume für 1,5 h benötigt. Außerdem sollte stundenweise ein Beratungsraum für Einzelgespräche zur Verfügung stehen.

Weitere Hinweise zu organisatorischen Voraussetzungen für Beratungsstellen finden sich in dem von der Bundearbeitsgemeinschaft Alten- und Angehörigenberatung e. V. (BAGA) herausgegebenen Praxishandbuch „Wege aus dem Labyrinth der Demenz" (Dirksen et al., 1999).

Kapitel 7

Vorbereitendes Einzelgespräch

Vor der Teilnahme an einer Angehörigengruppe sollte mit den pflegenden Angehörigen ein vorbereitendes Einzelgespräch geführt werden. Dies dient zum einen der Orientierung der BeraterInnen über die individuelle Pflegesituation und ermöglicht zum anderen den Angehörigen, erste Entlastung zu erfahren, eine positive Beziehung zu den TherapeutInnen aufzubauen, sich über die Inhalte einer Angehörigengruppe klarer zu werden und Unsicherheiten gegenüber der Teilnahme an der Gruppe zu klären. Die wesentlichen Ziele und Inhalte dieses Erstgesprächs werden im Folgenden erläutert.

7.1 Erste Entlastung

Sowohl für den Aufbau der therapeutischen Beziehung als auch für den weiteren therapeutischen Prozess besteht eine wichtige stützende Funktion darin, dass die Angehörigen Raum zum Klagen erhalten. Diese Gelegenheit zur ersten Entlastung finden pflegende Angehörige in der Regel in ihrem Alltag nicht mehr. Dementsprechend ist ein hohes Maß an individueller Zuwendung und auf den Einzelfall konzentrierter Aufmerksamkeit notwendig, um dem erheblichen Belastungsdruck der Angehörigen (siehe Kapitel 4 „Belastungserleben und Belastungsverarbeitung") ausreichend gerecht werden zu können. *Im Vordergrund steht die ausdrückliche Würdigung der von den Angehörigen gezeigten Pflegebereitschaft und der erbrachten Leistungen sowie die Anerkennung ihrer Belastungen in einer wertschätzenden, akzeptierenden Grundhaltung des/r Therapeuten/in.*

Erhalten die Angehörigen in einem Einzelgespräch vor Gruppenbeginn die Möglichkeit, sich über ihre eigene Belastung auszusprechen, so gelingt erfahrungsgemäß in der folgenden Zeit die Konzentration auf die anderen Gruppenmitglieder besser. Geschieht dieses vorbereitende Gespräch nicht, so besteht die Gefahr, dass sich die Gruppenmitglieder bereits am Beginn des Gruppenverlaufs gegenseitig mit ihren ausführlichen, häufig dramatischen und emotional sehr belastenden Schilderungen ihrer Situation überfordern. Das folgende Beispiel soll dies verdeutlichen.

Beispiel
Die 67-jährige Ehefrau eines 73-jährigen schwer dementen Mannes kommt ohne vorbereitendes Einzelgespräch in die Gruppe. Die Klientin übernimmt in der Gruppe eine dominante Rolle und schildert in drastischen Worten alltägliche Probleme mit ihrem Ehemann. So berichtet sie etwa, dass er mit Kot schmiere, nach ihr schlage oder nachts häufig schreie und sich nicht beruhigen lasse. Die 56-jährige Nichte einer 82-jährigen Patientin in einem mittleren Krankheitsstadium, die diese schwere Symptomatik (noch) nicht erlebt hat, verlässt die Gruppe wieder, da sie es nicht ertragen könne zu wissen, mit welchen Schwierigkeiten sie in Zukunft möglicherweise noch konfrontiert werde. Sie erlebt die Gruppe aufgrund der sehr ausführlichen Schilderungen der Ehefrau als zu belastend. Durch ein vorbereitendes Einzelgespräch wäre es möglich gewesen, der Ehefrau ausreichend Gelegenheit zur Schilderung ihres schwierigen Alltags zu geben und somit ihrem Bedürfnis nach einer ersten Aussprache gerecht zu werden. Im Gruppengespräch wäre es dann besser möglich gewesen, vorsichtig lenkend einzugreifen, um die Schilderungen für die anderen Gruppenmitglieder nicht zu belastend werden zu lassen.

7.2 Unsicherheit abbauen

Das vorbereitende Einzelgespräch soll auch dazu dienen, den Angehörigen einen ersten Überblick über vorgesehene oder mögliche Themen der Gruppenarbeit zu vermitteln, die zeitliche Struktur der Gruppenarbeit (Frequenz, Dauer der einzelnen Gruppensitzungen) und die Gesamtdauer zu erklären, die vorgesehenen therapeutischen Ansätze zu skizzieren (siehe Kapitel 9 „Therapeutisches Konzept") und offene Fragen oder Unsicherheiten zu klären. Zur Minderung von Erwartungsängsten und Unsicherheiten ist dieses transparente Vorgehen notwendig, das zur Strukturierung des Gesamttherapieablaufs und der einzelnen Sitzungen beiträgt (Hoffmann, 1994). Das therapeutische Geschehen wird überschaubar und die eigene Situation kann sinnvoll in die Gruppenarbeit eingeordnet werden. Dies ist ein besonders wichtiger Faktor, berücksichtigt man die Tatsache, dass die meisten Angehörigen noch nie mit Psychotherapie konfrontiert waren und innerhalb der Generation der pflegenden EhepartnerInnen auch selten oder noch nie Erfahrungen mit Gesprächskreisen gemacht haben.

Viele Angehörige äußern Angst davor, sich in einer Gruppe zu öffnen. Es ist deshalb wichtig, auf die entlastende Wirkung des Erfahrungsaustausches in der Gruppe hinzuweisen, in der die Angehörigen Experten für ihre Situation sind, so dass gegenseitiges Lernen möglich ist. Es ist dabei hilfreich zu betonen, dass die anderen TeilnehmerInnen ähnliche Probleme im Umgang mit der Versorgung eines demenzkranken Menschen erleben und damit grundsätzlich (wenn auch nicht unbedingt im individuellen Detail) vertraut sind.

7.3 Diagnostische Funktionen

Das vorbereitende Einzelgespräch hat für die TherapeutInnen eine diagnostische Funktion:
– sie erhalten im Sinne einer problembezogenen Informationssammlung oder eines „Screenings" einen ersten Überblick über die individuelle Pflegesituation und über Art und Ausmaß der Belastungen und Beschwerden (ohne

dabei aber bereits eine detaillierte Problemanalyse durchzuführen);
– sie erfahren, welche Probleme im Einzelfall vordringlich erscheinen und welche Ressourcen den Angehörigen zur Problembewältigung bereits zur Verfügung stehen; sie können damit erste Überlegungen zu möglichen therapeutischen Ansatzpunkten für die Gruppenarbeit anstellen; die Abklärung von möglichen Ressourcen kann außerdem stützende und motivierende Funktion für die Angehörigen erhalten;
– die diagnostischen Informationen über Beschwerden und Belastungen der Angehörigen dienen als Ausgangsbasis für die spätere Reflexion von therapeutischen Effekten.

Das diagnostische Gespräch sollte folgende Aspekte der Pflegesituation abklären (siehe Tabelle 4).

Arbeitsblatt Nr. 1 (vgl. S. 47) stellt einen Interviewleitfaden dar, der die strukturierte und systematische Erfassung dieser Aspekte der Pflege- und Belastungssituation erleichtern soll. Den Angehörigen gegenüber sollten diese Fragen auch im Sinne einer „Diagnostik" vermittelt werden, die für die weitere Planung von Unterstützung und Hilfe wichtig ist. Einen ausführlichen Interviewleitfaden bietet auch der Pflegekompass von Blom und Duijnstee (1999).

Tabelle 4: Themen des diagnostischen Gespräches

Schwerpunkt	Einzelaspekte
Dementielle Symptomatik	Schweregrad der kognitiven Beeinträchtigungen (nach GDS, FAST, siehe Kapitel 2 „Demenz: Epidemiologie, diagnostische Kriterien, Differentialdiagnostik, Symptomatik und Verlauf") belastende Verhaltensauffälligkeiten und -störungen Persönlichkeitsveränderungen
Art und Ausmaß der Pflegeleistungen	notwendige Hilfen in der Alltagsbewältigung des/r Erkrankten (Art, Häufigkeit, Zeitpunkt, Ausmaß der zu erbringenden Unterstützung)
Beschwerden und Belastungen der Angehörigen	physische Beschwerden psychische Beschwerden soziale Einschränkungen und Einschränkungen in persönlichen Freiräumen
Ressourcen der Angehörigen	Fertigkeiten für Pflege Wissen über Demenz Wissen über den Umgang mit Demenzkranken Nutzung entlastender Dienste und Einrichtungen instrumentelle und emotionale Unterstützung aus dem sozialen Netzwerk (s.o.)

7.4 Aufbau der Klient-Therapeut-Beziehung

Das Erstgespräch erhält auch eine wichtige Funktion für den Aufbau einer Arbeitsbeziehung zwischen Angehörigen und TherapeutInnen:

- durch das wertschätzende und verständnisvolle „aktive Zuhören" der/s TherapeutIn wird eine positive Beziehung aufgebaut, in der die Angehörigen erfahren, dass sie offen, vertrauensvoll und kooperativ über ihre Probleme sprechen können; dies fördert die spätere Bereitschaft in der Gruppe, sich zu öffnen;
- den Angehörigen wird insbesondere mit dem diagnostischen Vorgehen eine klare und zielgerichtete Gesprächssituation vermittelt, in der sie die TherapeutInnen vor allem im Hinblick auf die besonderen Bedingungen und Probleme der familiären Pflege demenzkranker Menschen als kompetent kennenlernen; dies ist insbesondere auch deshalb wichtig, da die Angehörigen häufig älter sind als die TherapeutInnen und bisweilen Zweifel zeigen, ob die TherapeutInnen überhaupt eine Vorstellung von ihrer Situation entwickeln können;
- die Gesprächssituation wird durch das diagnostische Vorgehen für die Angehörigen als Therapeut-Klient-Beziehung erkennbar; die Rollenverteilung für die spätere Gruppenarbeit wird damit bereits frühzeitig eingeführt.

Abschließend soll beispielhaft eine Pflegesituation vorgestellt werden, aus der deutlich wird, wie komplex die häusliche Versorgung eines demenzkranken Menschen sein kann.

Beispiel

Die 63-jährige Frau B. versorgt ihre 83-jährige Schwiegermutter, die sich in einem mittleren Krankheitsstadium befindet. Sie benötigt Unterstützung und Anleitung bei Alltagsaktivitäten wie Anziehen, Waschen, Toilettengang oder Essen. An Gesprächen kann sie kaum noch sinnvoll teilnehmen. Sie ist inkontinent und zeitlich sowie örtlich desorientiert. Frau B. interpretiert die dementiellen Einschränkungen als absichtsvoll, gegen sie persönlich gerichtet und als Ausdruck mangelnden Willens zur Selbstständigkeit. Ihr Umgang mit der demenzkranken Frau ist deshalb dadurch gekennzeichnet, dass sie diese häufig korrigiert, sich in fruchtlose Diskussionen mit ihr verstrickt („Wer hat recht?"), ihr Vorwürfe bei Fehlern macht und von ihr in unrealistischer Weise Selbstständigkeit und rationales Handeln erwartet. Daraus entstehen im Alltag häufig Konflikte, in der Frau B. von ihrer Schwiegermutter aus der Überforderungssituation heraus heftig beschimpft und bisweilen auch geschlagen wird. Nach solchen Situationen erlebt Frau B. erhebliche Schuldgefühle gegenüber ihrer Schwiegermutter. Diese Problematik wird noch dadurch verstärkt, dass zeitlebens ein gespanntes, von gegenseitiger Ablehnung geprägtes Verhältnis zwischen den beiden Frauen bestanden hatte und Frau B. die Versorgung nur auf der Grundlage familiärer Normen übernommen hatte. Sie erlebt sich in einem Spannungsverhältnis zwischen Pflichterfüllung und innerer Ablehnung der Schwiegermutter. Diese Ablehnung geht so weit, dass sie sich innerlich „überwinden" muss, die Schwiegermutter bei der Körperpflege zu berühren. Ein verstehender, geduldiger und einfühlsamer Umgang mit der Schwiegermutter ist ihr nicht möglich. Ihr Umgang mit der demenzkranken Frau verstärkt eher die Belastungen. Aufgrund der umfassenden Versorgungsaufgaben kümmert sich Frau B. weniger um ihren Garten, in dem sie ansonsten Ruhe und Entspannung finden würde. Bereits seit der Kindheit bestehende gesundheitliche Beschwerden aufgrund einer Wirbelsäulen-Deformation verstärken sich aufgrund der psychischen und körperlichen Belastung. Frau B. leidet unter Schlaflosigkeit, nimmt beruhigende Medikamente ein und vernachlässigt die gesundheitliche Vorsorge für sich selbst. Ihr Ehemann ist in dieser Situation keine Hilfe, da er sich aus der Verantwortung zurückzieht und auch emotional keine Unterstützung gibt. Frühere Freundschaften hat das Ehepaar nach der Eheschließung weitgehend aufgegeben. Zuwendung und die Möglichkeit zur Aussprache erhält sie lediglich von ihren Kindern, die aber selbst in ihren Familien mit erheblichen Problemen belastet sind (Krankheit eines Kindes, Eheprobleme).

Im vorbereitenden Einzelgespräch geht es noch nicht darum, die häusliche Pflegesituation in ihrer gesamten Komplexität zu erfassen, wie sie in diesem Beispiel dargestellt ist. Die wesentlichen Anforderungen und Belastungen der Angehörigen sollten für die TherapeutInnen aber zumindest in groben Zügen bekannt sein, um in der späteren Gruppenarbeit von Beginn an *individuell* auf die einzelnen TeilnehmerInnen eingehen zu können und dadurch die Entstehung einer vertrauten Gruppenatmosphäre zu fördern.

Arbeitsblatt Nr. 1

Interview-Leitfaden zum Screening der Pflegesituation

Ich möchte mir gerne ein Bild von Ihrer Situation machen. Das ist wichtig, um unsere gemeinsame Arbeit in der Gruppe gut vorbereiten zu können. Deshalb stelle ich Ihnen jetzt einige Fragen dazu. Schildern Sie mir doch bitte zunächst einmal, wie sich die Erkrankung (Ihres Partners, Ihres Vaters, Ihrer Mutter, ...) zeigt. Wie verhält er/sie sich, was kann er/sie noch, was nicht mehr?

1. Einschätzung der dementiellen Symptomatik (anhand der Schilderungen der Angehörigen einschätzen; evtl. für einzelne Einschätzungen konkret nachfragen)
   Diese Einschätzung sollte in standardisierter Form beispielsweise anhand der Reisberg-Skalen (Global Deterioration Scale, Brief Cognitive Rating Scale, Functional Assessment Staging) vorgenommen werden (deutschsprachige Fassung von R. Ihl & L. Fröhlich, 1991, erhältlich über Testzentrale des Hogrefe Verlags Göttingen)

2. Welche Verhaltensweisen (Ihres Partners, Ihres Vaters, Ihrer Mutter, ...) sind für Sie am belastendsten, womit haben Sie die größten Schwierigkeiten?

3. Was ist ganz allgemein für Sie das größte Problem mit der Betreuung oder Versorgung (Ihres Partners, Ihres Vaters, Ihrer Mutter, ...) ?

4. Hat sich (Ihr Partner, Ihr Vater, Ihre Mutter, ...) auch in seiner/ihrer Persönlichkeit verändert, kommt er/sie Ihnen „fremd" vor? In welcher Hinsicht?

5. Welche Hilfen im Alltag erbringen Sie für (Ihren Partner, Ihren Vater, Ihre Mutter, ...) ?

Hilfe bei	bitte ankreuzen	Hilfe bei	bitte ankreuzen
Aufstehen aus dem Bett		baden	
waschen / duschen		Medikamente einnehmen	
kämmen / rasieren		telefonieren	
Toilette benutzen		heizen	
an- / ausziehen		alleine bleiben	
Mahlzeiten / Getränke zu sich nehmen		Finanzen regeln	
Mahlzeiten zubereiten		einkaufen	
Nahrungsmittel schneiden		Besuche machen	
setzen / aufstehen		öffentl. Verkehrsmittel benutzen	
in der Wohnung umhergehen		außerhalb der Wohnung zurechtfinden	
Treppen steigen		Wäsche machen	
Wohnung sauber machen			

6. Wenn Sie an Ihre eigene Gesundheit denken: haben Sie irgendwelche Beschwerden oder Erkrankungen?

	bitte ankreuzen		bitte ankreuzen
Rücken- und Gelenkschmerzen		Herz-Kreislauf-Beschwerden, Herzschmerzen	
Kopfschmerzen		Magenbeschwerden	
Schlafstörungen		Atemnot	
Infektionen		Erschöpfung	
chronische Erkrankungen, welche:			

7. Viele Angehörige haben nicht nur körperliche Beschwerden, sondern leiden vor allem seelisch. Wie ist das bei Ihnen?

Fühlen Sie sich depressiv?	nie	selten	manchmal	häufig	immer
Fühlen Sie sich ängstlich?	nie	selten	manchmal	häufig	immer
Fühlen Sie sich einsam?	nie	selten	manchmal	häufig	immer

8. Wie zufrieden sind Sie mit den Kontakten zu anderen Menschen? Haben seit Beginn der Erkrankung (Ihres Partners, Ihres Vaters, Ihrer Mutter, ...) die Kontakte zu anderen Familienmitgliedern, zu Freunden und Bekannten oder zu Nachbarn nachgelassen?

9. Haben Sie frühere Hobbies und Freizeitaktivitäten wegen der Erkrankung (Ihres Partners, Ihres Vaters, Ihrer Mutter, ...) aufgegeben?

10. Fühlen Sie sich ausreichend über die Erkrankung (Ihres Partners, Ihres Vaters, Ihrer Mutter, ...) informiert?

11. Fühlen Sie sich ausreichend sicher im Umgang mit der Erkrankung (Ihres Partners, Ihres Vaters, Ihrer Mutter, ...) ?

12. Nutzen Sie irgendwelche entlastenden Dienste? Haben Sie Kenntnis über solche Angebote und ihre Finanzierung?
    – Essen auf Rädern
    – ambulante Pflege
    – Tagespflege / Tagesstätte / Tagesklinik

13. Erhalten Sie Hilfe von anderen Personen? Wie zufrieden sind Sie damit?

14. Was fällt Ihnen leicht in der Betreuung oder Versorgung (Ihres Partners, Ihres Vaters, Ihrer Mutter, ...), womit kommen Sie gut zurecht? Was hilft Ihnen dabei?

15. Welche Wünsche haben Sie an die Angehörigengruppe, mit welchen Erwartungen kommen Sie in die Gruppe? Was ist für Sie der wichtigste Grund, um teilzunehmen?

Aus: Wilz, Adler, Gunzelmann: Gruppenarbeit mit Angehörigen von Demenzkranken, © Hogrefe-Verlag, Göttingen (2001).

Kapitel 8

Setting

Die im Folgenden aufgelisteten Kriterien sind als *ideale Rahmenbedingungen* für die Gruppenarbeit zu verstehen, die unserer Erfahrung nach ein sehr effektives Arbeiten ermöglichen.

Vor der Teilnahme an einer Angehörigengruppe sollte in jedem Fall ein ausführliches Einzelgespräch mit den Angehörigen geführt werden. Die Bedeutung und Funktion dieses Erstgespräches ist in Kapitel 7 „Vorbereitendes Einzelgespräch" eingehend beschrieben.

8.1 Gruppenleitung

Eine aus zwei TherapeutInnen bestehende Gruppenleitung kann als besonders positiv für den therapeutischen Prozess bewertet werden, wobei u. a. folgende „Modelle" möglich sind:
- die TherapeutInnen können sich in der Gruppenleitung stundenweise abwechseln, wodurch Kontinuität auch beim Fehlen eines/einer TherapeutIn gewährleistet ist
- während ein/e TherpeutIn auf die einzelnen TeilnehmerInnen eingeht, beobachtet der/die andere den gesamten Gruppenprozess
- es gibt eine feste Aufteilung in Leitung und CotherapeutIn je nach therapeutischer Erfahrung.

Durch diese Doppelbesetzung ist eine gegenseitige Ergänzung und Korrektur der Wahrnehmungen des Gruppenverlaufs und der Interventionen möglich. Die Aufmerksamkeit kann auf die verschiedenen Gruppenmitglieder aufgeteilt werden, so dass kein/e Angehörige/r in den Hintergrund gerät. Nach den Gruppensitzungen ist jeweils eine gemeinsame Auswertung der Sitzung und die darauf abgestimmte weitere Planung möglich. Für bestimmte Themen ist es sinnvoll, ReferentInnen einzuladen wie z. B. einen Arzt/eine Ärztin für medizinische Themen (Diagnostik, Krankheitsbild, medikamentöse Behandlung); einen Sozialarbeiter/eine Sozialarbeiterin bezüglich rechtlicher (v. a. Betreuungsrecht) und finanzieller Fragen (v. a. im Zusammenhang mit den Themen Pflegeversicherung, ambulante Dienste, Heime), ein/e AltenpflegerIn zu speziellen Pflegethemen sowie MitarbeiterInnen verschiedener Alteneinrichtungen (vor allem Tagespflege, ambulante Dienste).

8.2 Teilnehmerzahl

Eine Teilnehmerzahl von 6–10 Angehörigen ist in Anbetracht des zeitlichen Rahmens von 1,5 Stunden als ideal zu betrachten. So ist gewährleistet, dass alle TeilnehmerInnen ihre Anliegen im Wechsel thematisieren können und eine vertraute Gruppenatmosphäre entstehen kann.

8.3 Gruppenform

Für eine kontinuierlich-therapeutische Gruppenarbeit ist eine geschlossene Gruppenform notwendig. Nur so ist eine Vertrauensbildung untereinander und zur Gruppenleitung möglich, die das Bearbeiten persönlicher Themen wie beispielsweise Ehebeziehung, Schuld- und Schamgefühle, Verlust und Trauer oder das Leben eigener Bedürfnisse trotz Pflege erlaubt.

8.4 Homogenität der Gruppe

Aufgrund der unterschiedlichen Lebens- und Pflegesituationen von pflegenden Kindern einerseits und pflegenden EhepartnerInnen andererseits (siehe Kapitel 3 „Demenz als Familienkrankheit") ist es sinnvoll, homogene Gruppen mit pflegenden EhepartnerInnen *oder* pflegenden (Schwieger-) Kindern/anderen Angehörigen (Enkel, Nachbarn usw.) zu bilden. Zwei grundlegend unterschiedliche Problembereiche von pflegenden Kindern und EhepartnerInnen sollen beispielhaft die Vorteile einer Trennung dieser Subgruppen verdeutlichen: So existieren bei pflegenden Kindern und Schwiegerkindern neben der Pflege noch andere Verpflichtungen, so dass hier vor allem das Problem besteht, die Anforderungen durch die Pflegesituation mit den Anforderungen durch die eigene Familie und durch das Berufsleben zu integrieren. Im Einzelfall können diese anderen Lebensbereiche jedoch auch einen Ausgleich zur Pflege und somit eine positive Ressource darstellen. Bei pflegenden EhepartnerInnen jedoch ist insbesondere die eigene Alltagsgestaltung und Zukunftsplanung eng mit dem Fortschreiten der dementiellen Erkrankung verknüpft, ein „Leben ohne die Krankheit" nach dem Tod des Partners scheint nicht vorstellbar. Dies ist gerade dann der Fall, wenn für die Phase des Alters früher geplante oder phantasierte Perspektiven aufgrund der Pflege nun nicht mehr realisiert werden können.

8.5 Zeitlicher Rahmen

Regelmäßige Termine in einem *14-tägigen Rhythmus* zu jeweils 1,5 Stunden haben sich als vorteilhaft erwiesen. Bei einer Frequenz von wöchentlichen Terminen hingegen besteht die Gefahr, dass diese eher als zusätzliche Belastung erlebt werden; während Abstände von einem Monat keinen kontinuierlichen Gruppenprozess ermöglichen.

Durch die Regelmäßigkeit wird die Integration der Gruppensitzungen in den Pflegealltag erleichtert, die Kontinuität der Sitzungen mit mindestens 20 Terminen vermittelt Sicherheit und erleichtert damit das Vertrautwerden mit der Gruppe. Für pflegende EhepartnerInnen, die meist der Altersgruppe der über 60-Jährigen angehören, sind Termine am Vormittag oder frühen Nachmittag am günstigsten, da gerade ältere Menschen sich

scheuen, abends das Haus zu verlassen. Für berufstätige pflegende Kinder und Schwiegerkinder hingegen sollten abendliche Termine angeboten werden.

Eine effektive Gruppentherapie mit Angehörigen bedarf etwa eines Zeitraumes von einem Jahr bei Gruppensitzungen in 14-tägigem Abstand (25–30 Sitzungen). Nach dieser Dauer ist der Übergang in eine stabile Selbsthilfegruppe aus unserer Erfahrung gewährleistet.

8.6 Gruppenraum

Ein heller, ausreichend großer Raum trägt zu einer angenehmen Gruppenatmosphäre bei. Die Stühle der TeilnehmerInnen sollten in einem Kreis *ohne* Tisch angeordnet sein.

8.7 Parallele Betreuungsgruppe für DemenzpatientInnen

Für die meisten Angehörigen wird eine Teilnahme erst dann möglich, wenn eine zeitgleiche Betreuung der Demenzkranken angeboten wird. Die Bedeutung der Betreuungsgruppe über diesen organisatorischen Aspekt hinaus wird eingehend in Kapitel 12 „Betreuungsgruppe" erläutert.

III

Therapie

Kapitel 9

Therapeutisches Konzept

Im folgenden Kapitel werden allgemeine Aspekte der Gruppenarbeit wie therapeutische Haltungen und Einstellungen, Grundprinzipien des kognitiv-behavioralen und systemischen Ansatzes sowie Ziele der Gruppenarbeit beschrieben. Darauf folgen Hinweise zu Inhalten und zur Struktur der Gruppensitzungen.

Neben den generellen Wirkfaktoren von Angehörigengruppen nach Yalom (1975) wie Informationen über die Krankheit, Universalität (Erkenntnis, nicht als einziger mit einem Alzheimer-Kranken belastet zu sein), nachahmendes Verhalten (Lernen am Modell) und interpersonales Lernen wird die Wirksamkeit verhaltenstherapeutischer und familientherapeutischer Grundprinzipien in der Gruppenarbeit mit Angehörigen angenommen. In unserer Arbeit haben wir uns deshalb an kognitiv-behavioralen Grundprinzipien und einer systemischen Sichtweise von Demenz als „Familienkrankheit" orientiert.

9.1 Allgemeine Aspekte der therapeutischen Gruppenarbeit

9.1.1 Therapeutische Grundhaltungen und Einstellungen

- *Sich mit dem Thema Demenz auseinandersetzen*

Wer mit Demenzkranken und deren Angehörigen arbeitet, sollte über eine „geschulte Wahrnehmung, konstruktive Haltungen und Einstellungen und viel Wissen" hinsichtlich des Phänomens „Demenz" verfügen (Klingenfeld & Bruder 1997), denn bei Angehörigen (und PatientInnen), die mit der Diagnose Demenz konfrontiert werden, besteht ein großes *Informationsbedürfnis* (siehe dazu Kapitel 10.2 „Information und Wissensvermittlung").

Über das reine Wissen hinaus sollte der/die TherapeutIn versuchen, eine Vorstellung davon zu bekommen, was es heisst dement zu werden, um eine empathische Haltung gegenüber den PatientInnen und deren Angehörigen aufbauen zu können. Indem man demenzkranke Menschen in verschiedenen Stadien der Erkrankung kennen lernt (z. B. durch Hospitation in Pflegeheimen, Tagespflegeeinrichtungen) und ihnen mit einer Grundhaltung des Interesses, großer Offenheit und Toleranz begegnet, kann man ein tieferes Verständnis für die Krankheit, die damit verbundenen Verluste (siehe Kapitel 2 „Demenz: Epidemiologie, diagnostische Kriterien, Differentialdiagnositk, Symptomatik und Verlauf") und die emotionalen Reaktionen darauf entwickeln.

Um sich die Wirklichkeit von Demenzkranken besser vorstellen zu können, kann es außerdem hilfreich sein, das eigene seelisch-geistige Funktionieren in Situationen zu beobachten, die das alltägliche Erleben Demenzkranker modellhaft widerspiegeln können:

Wie reagiere ich, wenn
– ich einen Fehler gemacht habe und von anderen darauf hingewiesen werde?
– ich unberechtigt kritisiert werde?
– von mir etwas verlangt wird, was ich auf keinen Fall tun möchte, da ich nicht einsehe, dass es notwendig ist?
– ich leistungsmäßig oder seelisch mit einer Situation überfordert bin?
– an einem Tag alles schief geht („mit dem falschen Bein aufgestanden")?
– mich jemand mit meinem Namen anspricht und ich keine Ahnung habe, wer derjenige ist?
– mir jemand zu nahe kommt, der mir fremd, unsympathisch, gar abstoßend ist?
– ich das Auto im Parkhaus nicht finden kann, es aber sehr eilig habe (und mir vielleicht mein Partner noch Vorwürfe macht)?
– ich mich in einem Land, dessen Sprache ich nicht spreche, verlaufen habe?

Einblicke in die Welt demenzkranker Menschen geben auch Berichte Betroffener oder Beschreibungen von Angehörigen (siehe Arbeitsblätter im Kapitel 10.2 „Information und Wissensvermittlung").

- *Die therapeutische Beziehung*

Der Kontakt von jüngeren TherapeutInnen mit in der Regel älteren Angehörigen wird von vielen

Einflussfaktoren mitbestimmt. Nicht nur die Angehörigen bringen ihre Lebensgeschichte mit ein, sondern auch auf Seiten der TherapeutInnen wirken Erfahrungen und Einstellungen auf die therapeutische Beziehung ein. Diese vom Therapeuten/von der Therapeutin aufgrund seiner/ihrer Biographie auf die Angehörigen übertragenen Gefühle, Phantasien, Wünsche, Ängste und Konflikte bezeichnet man als Eigenübertragungen (Radebold, 1992).

Hier soll beispielhaft auf einige Eigenübertragungsaspekte eingegangen werden (ausführlich dazu: Radebold, 1992, S. 30ff.), die die Beziehungsgestaltung zwischen jüngeren TherapeutInnen und älteren Angehörigen beeinflussen dürften und die auch dazu beitragen, dass viele PsychotherapeutInnen keine alten PatientInnen behandeln.

- Das Zusammentreffen mit Älteren kann Ängste vor dem Altern (Gerontophobie) hervorrufen, d.h. vor dem Verlust von Attraktivität, von sexueller Potenz, von körperlicher Unversehrtheit, von Gesundheit. Es entstehen Ängste vor Hilfedürftigkeit, sozialer Isolierung, Abhängigkeit und vor Sterben und Tod.
- Gegenüber Älteren können Schuldgefühle hinsichtlich der eigenen Jugendlichkeit, der eigenen Arbeitsfähigkeit und sexuellen Potenz entstehen.
- Arbeitet man viel mit alten Menschen, wird man zwangsläufig mit der NS-Zeit, der Täter-Opfer-Problematik konfrontiert. Diese Auseinandersetzung, die auch die Beschäftigung mit der eigenen Familienbiographie unter diesem Blickwinkel verlangen würde, wird von vielen TherapeutInnen abgewehrt.
- Durch Teilidentifizierungen mit den Kindern oder Enkelkindern der Angehörigen können unbewusst aufgrund eigener negativer Erfahrungen mit Eltern/Großeltern negative Gefühle gegenüber den älteren Angehörigen ausgelöst werden.

Jüngeren Menschen (so auch TherapeutInnen) fehlen in der Regel auch entscheidende Erfahrungen mit Älteren (außer mit nahen Verwandten): „Sie kennen keine *neu begonnene*n langfristigen gefühlsmäßigen Beziehungen mit über 60- bis 65-Jährigen" (Radebold, 1992, S.27). „Ob ein Therapeut Erfolg bei der Behandlung älterer Patienten hat, hängt davon ab, wieweit er seine Haltung gegenüber seinen Eltern und seinen Großeltern oder deren Abbildung in seinem Unbewussten analysiert hat.", so Grotjahn, 1955. Um sich der Eigenübertragungen gegenüber Älteren bewusster zu werden, empfiehlt sich Selbsterfahrung in

dieser Hinsicht, z.B. durch die Teilnahme an Workshops auf einer Tagung[1], die sich mit gerontologischen Themenstellungen befasst.

- *Angehörige als ExpertInnen wahrnehmen*
Obwohl den TherapeutInnen von den Angehörigen oft eine Expertenrolle zugesprochen wird, so sind sie dies nur hinsichtlich ihrer fachlichen Qualifikation. Die eigentlichen „Demenz-Experten" sind die Angehörigen, die tagtäglich intensive Erfahrungen mit dem dementen Älteren machen und häufig sehr kreativ im Umgang mit den dementen Familienmitgliedern und deren „problematischen" Verhaltensweisen sind.

Zu Beginn der Beratung können und wollen viele Angehörige diese Expertenrolle nicht übernehmen, vielmehr besteht der Wunsch nach Ratschlägen durch die TherapeutInnen. Erst im Laufe der Zeit können die Angehörigen verstärkt Verantwortung für sich übernehmen.

Pflegende Angehörige sind zwar be- und oft überlastet und leiden vielfach unter psychischen, psychosomatischen und körperlichen Beschwerden, sind aber keine PatientInnen mit einem umschriebenen Krankheitsbild. Sie erleben sich nicht als therapiebedürftig und dieses Selbstverständnis muss in der Beratung und Gruppenarbeit stets berücksichtigt werden.

- *Entwicklungspotentiale im Alter*
Obwohl durch Forschungen der letzten 20 bis 30 Jahre das Defizitmodell des Alterns korrigiert werden konnte, beherrscht die Gesellschaft und so auch das Denken und Handeln von manchen TherapeutInnen weiterhin ein negatives Altersbild, das Altern mit einem allgemeinen Abbau gleichsetzt.

Beschäftigt man sich mit dem Alter, darf man sein Augenmerk nicht nur auf die quantitativen Veränderungen richten, sondern muss auch sehen, welche qualitativen Veränderungen Altern ermöglicht. So können sich auch im Alter neue Fähigkeiten und vor allem neue Formen des Erlebens entwickeln (Kruse, 1990), d.h. in einzelnen Bereichen verfügen alte Menschen über die gleiche oder sogar größere Kompetenz als jüngere, wobei eine große interindividuelle Variabilität besteht.

---

[1] Arbeitstagung für „Psychotherapie im Alter" in Bonn, Wissenschaftliche Arbeitstagung „Gerontopsychosomatik und Alterspsychotherapie" in Münster, „Verhaltenstherapie im Alter" in München, „Psychoanalyse und Alter" in Kassel, Münsterlinger Symposium zur Alternspsychiatrie in Münsterlingen am Bodensee/Schweiz, Kongress der Deutschen Gesellschaft für Gerontologie und Geriatrie an wechselnden Orten

Viele ältere Menschen sind in ihrer Biographie mit Belastungen konfrontiert gewesen, die sie bewältigen konnten. Diese Erfahrung kann ihnen dabei helfen, wenn sie sich im Alter mit Belastungen wie der Pflege eines Angehörigen mit einer dementiellen Erkrankung auseinandersetzen müssen.

In der therapeutischen Arbeit mit Angehörigen wird deshalb besonderer Wert auf die Nutzung solcher Potentiale gelegt.

9.1.2 Therapeutische Ansätze

9.1.2.1 Die kognitiv-behaviorale Perspektive

Verhaltenstherapeutische Grundprinzipien (Margraf & Lieb, 1995) erhalten zentrale Bedeutung für die therapeutische Arbeit mit Angehörigen. Hierzu gehören:

* *Transparenz und Strukturiertheit*
Der kognitiv-ordnende Effekt des verhaltenstherapeutischen Vorgehens hat angesichts der Vielfalt der Probleme und der Neuartigkeit der Anforderungen an die Angehörigen an sich schon entlastende Wirkung. So werden beispielsweise Probleme im Umgang mit dementiell gestörtem Verhalten oder die Entstehung von Konflikten mit dem erkrankten Menschen systematisch analysiert und in einen rationalen Erklärungszusammenhang gestellt und damit den Angehörigen ein plausibles Erklärungsmodell für ihre Probleme vermittelt.

Das therapeutische Geschehen wird für die TeilnehmerInnen überschaubar, die eigene Situation kann in die Gruppenarbeit eingeordnet werden. Dies ist ein besonders wichtiger Faktor, berücksichtigt man die Tatsache, dass die meisten Angehörigen noch nie mit Psychotherapie oder Gesprächskreisen konfrontiert waren.

* *Problemorientiertheit und Handlungsorientierung*
Die strukturierte Analyse von alltäglich erlebten Problemen erhöht das Erleben von Kontrolle über die Pflegesituation und schafft Veränderungsmotivation. Die Angehörigen erfahren positive Verstärkung, wenn sie Probleme unter einer neuen Perspektive betrachten (als verstehbar, kontrollierbar und veränderbar), eigene Einstellungen und Ansprüche umbewerten, systematisch konkrete und im Alltag umsetzbare Problemlösungen erarbeiten und damit neue, konstruktive Erfahrungen im Umgang mit der Pflegesituation machen können. Die Orientierung auf die Lösung aktueller Probleme und auf die Veränderung von Einstellungen und Verhaltensweisen verlangt gelegentlich ein direktiveres Vorgehen durch die TherapeutInnen, um dem Klagen nicht zuviel Raum zu geben und das Verständnis zu schaffen, dass ein aktives, konstruktives Vorgehen langfristig positivere Konsequenzen hat als eine kurzfristige Entlastung durch Klagen.

* *Ressourcenorientiertes Vorgehen und Hilfe zur Selbsthilfe*
Die Angehörigen entwickeln in der Gruppenarbeit allgemeine Problemlösekompetenzen, wobei ihre individuellen Stärken und Möglichkeiten betont werden; sie werden dadurch zur selbstständigen Bewältigung neu auftretender Schwierigkeiten in der Versorgung und Pflege befähigt.

Beispiel

Der 69-jährige Herr K., der seine 63-jährige Ehefrau in einem mittleren Krankheitsstadium einer Demenz vom Alzheimer-Typ betreut, fühlt sich zunehmend unsicher im Umgang mit den fortschreitenden Einschränkungen der Alltagsfertigkeiten seiner Ehefrau (z.B. beim Waschen und Anziehen). Bei der näheren Analyse dieses Problems wird deutlich, dass er bei Fehlern versucht, korrigierend auf seine Ehefrau einzuwirken, damit diese die üblichen Alltagsroutinen einhält. Die Ehefrau reagiert darauf ablehnend, da sie sich durch die Kritik „entmündigt" fühlt. Dies führt immer wieder zu Konflikten, da auch Herr K. selbst auf seinen Korrekturen besteht. Damit kommt es zum Aufschaukeln der Konfliktsituation. Im Beratungsgespräch werden alternative Verhaltensweisen gesucht, nachdem Herrn K. erklärt wurde, dass demenzkranke Menschen aufgrund ihrer kognitiven Einschränkungen nicht mehr in der Lage seien, ihr Verhalten äußeren Anforderungen situationsadäquat anzupassen. Deshalb müssten umgekehrt vielmehr die Anforderungen den jeweiligen Einschränkungen entsprechend gestaltet werden. Die Perspektive auf die dementielle Erkrankung wird dadurch ressourcenorientiert (über welche Fähigkeiten und Fertigkeiten verfügt die Ehefrau noch, welche Handlungsalternativen hat Herr K.?) und bietet der Erkrankten die Möglichkeit, in relativer Selbstständigkeit zu handeln. Herr K. kann dadurch die Erfahrung machen, dass die Reaktionen der Ehefrau auch durch seinen Umgang mit dementiell gestörtem Verhalten beeinflussbar sind. Der ressourcenorientierte Umgang entspannt die Versorgungssituation insgesamt. Dies und das Erleben von Einflussmöglichkeiten wirkt verstärkend auf Herrn K., der sich vornimmt, auch in anderen Problemsituationen entsprechend zu handeln. Die rationale Einsicht in die Zusammenhänge dementiell gestörten Verhaltens war ein wichtiger Faktor für Verhaltensänderungen bei Herrn K.

9.1.2.2 Systemische Grundprinzipien

Dem problem- und handlungsorientierten Vorgehen können aber auch Grenzen gesetzt sein. Hemmnisse in der Umsetzung neuer Verhaltensweisen finden häufig ihre Erklärung in gewachsenen (problematischen) Beziehungsmustern und im lebensgeschichtlichen Zusammenhang der Pflegesituation. Insbesondere in sehr engen, durch eine hohe emotionale Abhängigkeit gekennzeichneten Beziehungen verhindern oft ausgeprägte innere Barrieren, im Umgang mit dem dementiell veränderten Verhalten adäquate neue Verhaltensstrategien umzusetzen und Beziehungsstrukturen bzw. das familiäre System im Kontext der Demenz neu zu gestalten (Bruder, 1990).

Deshalb bietet sich gerade in der Arbeit mit Angehörigen Demenzkranker die Kombination verhaltenstherapeutischer Methoden mit familientherapeutischen Vorgehensweisen an. In diesem Zusammenhang kommen familientherapeutische systemische Sichtweisen zum Tragen, die den biographischen Kontext der Pflegebeziehung und die Reflexion von schwierigen Beziehungsmustern zum Gegenstand haben (Bayer-Feldmann & Greifenhagen, 1995; v. Schlippe, 1987).

Hier spielen die folgenden beiden Problemkomplexe eine herausragende Rolle.

• *Neuorganisation des familiären Systems*
Die Verhaltensstörungen und noch mehr die Persönlichkeitsveränderungen des dementiell erkrankten Menschen erfordern eine tiefgreifende Neuorganisation des partnerschaftlichen oder familialen Systems, da der/die Demenzkranke aufgrund seiner kognitiven Einschränkungen zunehmend nicht mehr in der Lage ist, seine Rolle (in funktionaler, aber auch in emotionaler Hinsicht) im System in der bisherigen Weise auszufüllen.

• *Veränderungen in der Beziehung*
Der vertraute Mensch wird aufgrund seiner dementiellen Erkrankung sowohl in seinem Verhalten und Erleben als auch in seiner Persönlichkeit als fremd erlebt. Die Wahrnehmung und die Ak-

zeptanz von Einschränkungen, Defiziten und unverständlich erscheinenden Verhaltensweisen verlangt eine ständige „Gratwanderung": zum einen geht es um den inneren „Abschied" von einem nahestehenden, bisher als autonom erlebten Menschen, der nun hilfsbedürftig und vom Handeln der Angehörigen abhängig ist, und gleichzeitig um die intensive Zuwendung zu einem Menschen, der zunehmend fremd erscheint. Der Umgang mit einem demenzkranken Angehörigen erfordert es bisweilen, dass Erwartungen, Normen und gewohnte Regeln im Umgang miteinander aufgegeben werden müssen. EhepartnerInnen müssen gelegentlich gegen die Loyalität ihrem/ihrer Partner/in gegenüber handeln oder erwachsene Kinder Tabugrenzen überschreiten, wenn sie in der Pflege die Intimsphäre des erkrankten Elternteils verletzen müssen.

Wichtige Grundprinzipien der Familientherapie (Johannsen, 1994), die Grundlagen der Gruppenarbeit mit Angehörigen Demenzkranker bilden, sind u.a.:

1. Verstehen der Symptomatik im biographischen Kontext
2. Beachten der wechselseitigen Bedingtheit von dementiell verändertem Verhalten und Mitteilungen oder Verhalten der Angehörigen dem Demenzkranken gegenüber
3. Anerkennen von subjektiven Wahrheiten und Weltbildern bei Dementen
4. Berücksichtigen eines kybernetischen Modells von Symptomentstehung und -unterhaltung, d.h. die Funktion der Symptome für den Betroffenen selbst und für die Angehörigen muss betrachtet werden
5. Orientierung an Ressourcen in Bezug auf Demenzkranke und deren Angehörige.

Beispiel

Die 56-jährige Frau Z. versorgt ihren 63-jährigen mittelgradig demenzkranken Ehemann; sie hat dabei hohe Erwartungen an dessen Leistungsfähigkeit in Alltagsaufgaben. So bittet sie ihn beispielsweise ständig um Hilfestellungen, die er nicht mehr erbringen kann. Zunächst reagiert sie aggressiv auf sein Unvermögen, leidet im Nachhinein aber auch unter starken Schuldgefühlen, da sie ihn mit überfordernden Situationen konfrontiert und ihn damit beschämt. Trotz ihres differenzierten Wissens um die mit der Demenz verbundenen Einschränkungen und ihrer Einsicht in angemessene Umgangsweisen überfordert sie ihn immer wieder. Bei einer Analyse des Familiensystems und der bisherigen Positionen der

Familienmitglieder wird klar, dass der Ehemann in der Familie stets dominant war; sie bezeichnet ihn als „Patriarchen". Die Rollenverteilung, die von allen Familienmitgliedern (neben der Ehefrau drei Töchter) akzeptiert wurde, ist aufgrund der dementiellen Einschränkungen gestört. Da die Ehefrau den Verlust der „Führungsstärke" des Ehemannes und die damit verbundene Umkehrung des innerfamiliären „Machtgefälles" nicht verarbeiten kann (sie erhält nun in der Praxis die führende Position in der Familie), versucht sie, die Illusion vom starken Ehemann aufrechtzuerhalten. Dies führt zu den ständigen Überforderungen des Ehemannes und erklärt auch ihre aggressiven Ausbrüche bei dessen Versagen, da dies stets den Widerspruch zwischen ihrem Wunsch nach familiärer Kontinuität und der durch die Demenz veränderten Realität offenbart.

9.1.3 Ziele der Gruppenarbeit

• *Emotionale Entlastung*
Durch die Möglichkeit zur Aussprache und zum Klagen finden die Angehörigen eine kurzfristige, emotionale Entlastung. Dieser *Austausch von emotionalen Erfahrungen* wird von Angehörigen oft als besonders wertvoll erlebt. Ein wichtiger Aspekt langfristiger Entlastung ist für viele Angehörige außerdem die *Aufhebung der sozialen Isolation* durch die Gruppenteilnahme und das *Erleben emotionaler Unterstützung* vor allem durch die anderen Angehörigen.
Allerdings steht dem regressiven Bedürfnis das Ziel einer dauerhaften Entlastung durch die Veränderung von Erlebens- und Verhaltensweisen im Alltag gegenüber, die eine aktive Beteiligung der Angehörigen und die Übernahme von Verantwortung voraussetzt. Auch die emotionale Auseinandersetzung mit Konflikten in der Familie kann sich langfristig entlastend auswirken. In der Gruppenarbeit werden solche Themen jedoch zum Teil von den Angehörigen vermieden.
Entsprechend den aktuellen Bedürfnissen einzelner Angehöriger und dem Stand der gesamten Gruppe sollten sich im Gruppenprozess deshalb Phasen der Auseinandersetzung mit Konflikten sowie Phasen der Problemlösung und Handlungsorientierung mit regressiven Phasen des Klagens abwechseln.

• *Verstehen und Akzeptieren der Krankheit*
Ein Ziel der Gruppenarbeit ist *die Information der Angehörigen über das Krankheitsbild* und die familiären Auswirkungen einer dementiellen Erkrankung. Indem außerdem versucht wird, ein *psychologisches Verständnis für diese Krankheit* zu wecken, können die Angehörigen die Krankheit leichter akzeptieren. Sie lernen dadurch z.B. Verhalten der PatientInnen als durch die Demenz bedingt einzuordnen und nicht als „böswillig" anzusehen.

• *Erlernen von Umgangsweisen mit dem Kranken*
Der Schwerpunkt der ersten Gruppensitzungen sollte auf den alltäglichen Problemen *im Umgang mit den DemenzpatientInnen* liegen, denn darin liegt häufig das Hauptanliegen, wenn Angehörige eine Beratungsstelle aufsuchen oder an einer Gruppe teilnehmen. Indem diese Anliegen besonders berücksichtigt werden, kann die Akzeptanz für die weitere Gruppenarbeit gefördert werden. Unsicherheiten im Umgang mit Demenzkranken können darüber hinaus zu Konflikten im Alltag führen, die durch das Erlernen adäquater Umgangsweisen vermieden werden können.
Die Angehörigen erfahren, wie andere mit den gleichen oder ähnlichen Problemen umgehen. Allgemeine Leitlinien des Umgangs (siehe Kapitel 10.2 „Information und Wissensvermittlung") dienen hierbei als Orientierung. Durch die Vermittlung eines psychologischen Verständnisses der Krankheit verfügen die Angehörigen über die Kompetenz, auch in neuartigen Situationen häufiger angemessen reagieren zu können, ohne in starrer Weise auf Handlungsanweisungen zurückzugreifen.

• *Erhöhen der Problemlösekompetenz*
Im Verlauf der Therapie wird eine Erhöhung der allgemeinen Problemlösekompetenz durch die Vermittlung und das unmittelbare Erleben neuer Erfahrungen, durch Modellernen und auch strukturiertes Problemlösetraining angestrebt (siehe dazu ausführlich Kapitel 10.3 „Problemlösekonzept").

• *Wahrnehmung der eigenen Belastung*
Wenn Angehörige von Demenzkranken nach Hilfe suchen, so stehen zu Beginn meist Anliegen im Vordergrund, die den/die Kranke/n betreffen: „Welche Behandlungsmöglichkeiten gibt es?" „Wie muss ich mich verhalten, damit es ihm/ihr besser geht?". Die eigene Befindlichkeit wird stark vom Zustand und Befinden des/der Kranken abhängig gemacht.
Deshalb liegt auch in Angehörigengruppen der Fokus anfangs oft beim/bei der Patienten/Patientin: „Ich gehe in die Gruppe, damit ich X besser versorgen kann", „Wenn er nur erst besser spre-

chen kann, dann geht es mir auch wieder gut."
Die *eigenen* Belastungen werden von manchen Angehörigen kaum wahrgenommen. Andere Angehörige erleben sich zwar als hoch belastet, bewerten dies aber als notwendige Begleiterscheinung der Pflege. Selbst wenn über Belastungen geklagt wird, wird die Situation oft als unveränderbar erlebt, was zu depressiven Reaktionen führen kann.

Eines der therapeutischen Ziele ist es deshalb, dass die Angehörigen *auf ihre Bedürfnisse im Pflegealltag achten* und dass sie lernen, ihre *Belastungsgrenzen wahrzunehmen*. Es geht darum, ihnen zu vermitteln, dass das Sorgen für sich selbst kein egoistischer Schritt ist, sondern dass sie damit auch etwas für den/die Kranke/n tun, indem sie ihr physisches und psychisches Wohlbefinden stärken. Dazu gehört auch, Perspektiven für die Zukunft zu entwickeln, sowohl für die Zeit der Pflege als auch für die Zeit danach.

- *Entlastung durch Hilfsangebote*
Um eine Entlastung der Angehörigen zu erreichen, werden von den TherapeutInnen oder anderen Gruppenmitgliedern Entlastungsangebote wie ambulante Dienste oder Tagespflegeeinrichtungen vorgestellt. Damit solche unterstützenden Hilfen von den Angehörigen angenommen oder zumindest als Möglichkeit der Entlastung in Erwägung gezogen werden, ist es wichtig, den „richtigen Zeitpunkt" zu finden, diese Alternativen vorzuschlagen. Gründe dafür, dass von den Angehörigen Vorschläge für Hilfsangebote zurückgewiesen werden, können z.B. sein:

- Die Angehörigen empfinden solche Vorschläge als Kritik an der Arbeit, die sie seit Jahren in der Pflege erbringen.
- Gerade für viele EhepartnerInnen ist die Versorgung ihres demenzkranken Partners zum Hauptlebensinhalt geworden, sie sehen darin den Sinn ihres gegenwärtigen Lebens.
- Die Angehörigen haben ein Pflichtverständnis, das es ihnen nicht erlaubt, die Versorgung in andere Hände zu legen.
- Sie glauben, dass nur sie die Versorgung in hoher Qualität erbringen können.

Deshalb sollte stets vor dem Anbieten von Hilfen die uneingeschränkte Anerkennung der Anstrengungen, Fähigkeiten und Leistungen der Angehörigen stehen. Danach können ausführliche Informationen zu Hilfen gegeben und schließlich die Angehörigen bei der Entscheidungsfindung unterstützt werden (siehe dazu auch Kapitel 10.3 „Problemlösekonzept" und Kapitel 10.5 „Familiensystemischer Ansatz").

- *Förderung des Selbstwertes*
Die *uneingeschränkte Anerkennung der Belastungen und der Pflegeleistung der Angehörigen* durch die Gruppenleitung ist von besonderer Bedeutung. Sie stellt eine wichtige positive, selbstwertfördernde Rückmeldung für die Angehörigen dar und fördert die Solidarisierung und Vertrauensbildung innerhalb der Gruppe. Sie entlastet von Schuldgefühlen und erleichtert die Akzeptanz von entlastenden Angeboten.

9.2 Inhalte und Struktur der Gruppenarbeit

9.2.1 Chronologie der Themenschwerpunkte

Insgesamt kann der zeitliche Verlauf der Gruppenarbeit in folgender Weise charakterisiert werden: *von der Information zur Selbstreflexion*. Am Anfang stehen folgende Aspekte im Vordergrund: das gegenseitige Kennenlernen der Lebenssituation der Angehörigen, die Wissensvermittlung über die Krankheit und über wichtige grundsätzliche Umgangsstrategien bei Demenz, die Vermittlung eines psychologischen Verständnisses für Demenz sowie Wissen über medizinisch-pflegerische und rechtliche Themen wie beispielsweise Pflegegeld und Betreuung. So kann sich zum einen langsam eine vertraute Gruppenatmosphäre entwickeln, zum anderen werden die TeilnehmerInnen mit der Form der Gruppenarbeit und den Gruppenregeln vertraut. Dadurch entsteht eine Basis für die Beschäftigung mit persönlicheren Themen wie zum Beispiel das Wahrnehmen und Berücksichtigen eigener Bedürfnisse oder Veränderungen in der Beziehung zum Demenzkranken und damit verbundener Konflikte.

Aber auch im weiteren Gruppenverlauf kann zeitweise das Bedürfnis nach Sachinformationen wieder stärker zum Tragen kommen. Zum Teil sind Informationen notwendig, um etwa im Problemlöseprozess geeignete Lösungsmöglichkeiten zu erarbeiten. Wissensfragen und die Beschäftigung mit sachlich-informativen Aspekten der Pflege und Betreuung stellen jedoch für die Angehörigen im gesamten Gruppenablauf darüber hinaus immer wieder ein wichtiges Mittel zur zeitweisen Distanzierung von der Auseinandersetzung mit der emotionalen Belastung dar. Von der Gruppenleitung sollte deshalb das wiederholt geäußerte Bedürfnis nach Sachinformationen auch in fortgeschrittenen Gruppenphasen als mögliches Signal dafür gewertet werden, dass die emotionale Belastung der TeilnehmerInnen bei der Beschäftigung mit einer bestimmten Thematik momentan ihre psychischen Ressourcen überfordert. Diese für die jeweiligen Angehörigen problematischen Themen sollten daraufhin jedoch nicht prinzipiell vermieden werden, sondern einfühlsam im weiteren Gruppenverlauf (u.U. zu einem späteren Zeitpunkt) oder in einem Einzelgespräch thematisiert werden.

In der folgenden Übersicht sind die Themenbereiche nach dem Informationsbedürfnis und dem Vertrautheitsgrad innerhalb der Gruppe geordnet. Je nach den Bedürfnissen der GruppenteilnehmerInnen können spezifische Themen unterschiedlich gewichtet werden.

Tabelle 5: Mögliche Reihenfolge der Themenschwerpunkte

Sitzung	Inhaltliche Schwerpunkte
1	Darstellung des Gruppenprogramms, Kennenlernen einschließlich Schilderung der individuellen Pflegesituation und der Symptomatik der Kranken
2	Informationen über Demenz (Ursachen, Symptomatik und Verlauf, Behandlungsmöglichkeiten)
3	Themen der Sozialarbeit (z.B. Pflegegeldantrag, Möglichkeiten der Unterstützung wie Ambulante Dienste, rechtliche Fragen, finanzielle Ansprüche)
4	Medizinisch-pflegerische Themen (z.B. Hilfen beim Waschen, Inkontinenz)
5	Nutzung von vorhandenen Entlastungsangeboten in der Stadt (z.B. Möglichkeiten der Tagespflege), Thematisieren von Schwierigkeiten mit Tagesbetreuung oder ambulanten Diensten
6–9	Möglichkeiten des Umgangs mit verwirrtem Verhalten (anhand von „Fallbeispielen" der TeilnehmerInnen), z.B. Realitätsorientierung, psychologisches Verständnis für Demenz, Beschäftigungsmöglichkeiten für „verwirrte" Menschen
10–12	Eigene Gefühle im Umgang mit verwirrtem Verhalten ansprechen; Schuldgefühle, Erwartungen an den Kranken, sich selbst von der Pflege ohne schlechtes Gewissen frei machen können, sich vom Kranken abgrenzen lernen
13–18	Ausmaß der eigenen Belastung, soziale Isolation und soziale Vergleichsprozesse, fehlende oder defizitäre soziale Unterstützung, mangelnde eigene Erholungsfähigkeit und fehlender Ausgleich, eigene Entlastung finden/Entspannung finden, eigene Freiräume schaffen, Stärken der Wahrnehmung und Verwirklichung eigener Bedürfnisse, zeitweise Distanzierung von der Pflege
19–20	Veränderung in der Qualität der Beziehung zum Kranken (z.B. veränderte Rollenverpflichtungen, umgekehrte Machtverhältnisse)
21–22	Zeitliche Perspektiven: wie lange kann die Pflege geleistet werden, unter welchen Bedingungen möchte man die Pflege beenden, welche Alternativen zur häuslichen Pflege gibt es, Heimunterbringung
23	Auseinandersetzung mit dem Sterben/Tod des Kranken, Zukunftsperspektiven nach der Pflege
24	Vertiefung der Interventionen und Zusammenfassung der wesentlichen Aspekte der Gruppenarbeit
25	Abschluss: Reflexion der Gruppenarbeit und Planung der Selbsthilfegruppe

9.2.2 Struktur der Sitzungen

Die Struktur jeder einzelnen Sitzung gliedert sich in drei Teile:
1. Jeweils zu Beginn erfolgen 15 Minuten psychoimaginative Entspannungsübungen (siehe Kapitel 10.1 „psychoimaginative Entspannung")
2. Bearbeitung eines Themenschwerpunkts
3. Das Ende der Gruppensitzung wird in Form einer Abschlussrunde (Blitzlicht) eingeleitet

Das inhaltlich-therapeutische Vorgehen wird zum einen durch die Themenwahl der Gruppenleitung oder der TeilnehmerInnen bestimmt, zum anderen durch die Wahl dazu passender Therapiemodule. Die Auswahl der Themen erfolgt nach zwei Kriterien:
1. Nach der im Absatz (9.2.1) beschriebenen Abfolge der Inhalte

2. Wenn ein oder mehrere GruppenteilnehmerInnen ein aktuell belastendes Problem vortragen und dieses besprechen möchten.

Das mündliche „Abschlussblitzlicht" wird folgendermaßen erläutert: „Bitte überlegen Sie sich, was die heutige Gruppenstunde für Sie persönlich an Erfahrungen, neuem Wissen oder Entlastung gebracht hat. Nutzen Sie dafür eine Skala von 0 – 10, wobei 0 bedeutet ‚Die heutige Veranstaltung hat für mich überhaupt nichts gebracht'; 10 hingegen bedeutet: ‚Die heutige Sitzung hat für mich sehr viel gebracht'."

- *Einbettung der spezifischen Verfahren in die Gruppensitzungen*

Die therapeutischen „Bausteine" sollen je nach individueller Problemlage der Angehörigen und je nach Gruppenverlauf flexibel eingesetzt und miteinander kombiniert werden. Eine feste Reihenfolge ist nicht vorgegeben (wie beispielsweise bei manchen störungsspezifischen Manualen). Unterschiedliche Bausteine werden in einer Sitzung miteinander kombiniert wie die folgenden Beispiele illustrieren.

Beispiel 1

Struktur und inhaltlicher Ablauf der Gruppensitzung des Themenschwerpunktes „Möglichkeiten des Umgangs mit aggressivem/auffälligem Verhalten des Demenzkranken"
1. 15min psychoimaginative Entspannung („Ort der Ruhe und Entspannung") und Rückmelderunde
2. Kurzvortrag über lerntheoretisch fundierte Ansätze zur Veränderung von problematischem/aggressivem Verhalten
3. Reflektieren der TeilnehmerInnen über eigene Erlebnisse/Erfahrungen mit sehr belastenden Verhaltensweisen des Demenzkranken
4. Auswahl eines problematischen Verhaltens; anhand dieses Verhaltens werden die Mechanismen von Verstärkung und Aufrechterhaltung verdeutlicht
5. Im Rahmen des Problemlösekonzeptes wird die Veränderung des Verhaltens an einem konkreten Beispiel demonstriert
6. Abschlussrunde Blitzlicht

Beispiel 2

Struktur und inhaltlicher Ablauf der Gruppensitzung des Themenschwerpunktes „Problemlösekonzept"
1. 15min psychoimaginative Entspannung („Problemkiste") und Rückmelderunde

---

2. Kurzvortrag über Prinzipien und Ablauf des Problemlösekonzeptes
3. Anhand eines in der Rückmelderunde explorierten Problems eines/r Teilnehmers/Teilnehmerin wird das Problemlöseschema erläutert und durchgeführt
4. Abschlussrunde Blitzlicht

9.2.3 Führungsstil

- *Gruppenregeln*

Den TeilnehmerInnen wird vermittelt, dass ein Gruppengespräch nach bestimmten Regeln verlaufen sollte, die insbesondere folgende Kriterien beinhalten:
- sich gegenseitig nicht unterbrechen
- konzentriertes gegenseitiges Zuhören
- keine *unaufgeforderten* Ratschläge oder Kritik
- Schweigepflicht nach außen.

Die Gruppenleitung betont, dass sie im Interesse aller TeilnehmerInnen im weiteren Gruppenverlauf auf das Einhalten der Regeln achten wird.

- *Nondirektivität versus Direktivität*

Gegenüber einem eher direktiven Vorgehen bei der Umsetzung verhaltentherapeutischer Prinzipien sollte für den Themenkomplex „innere Barrieren, Trauer, Verlust, familiäre Konflikte" ein eher nondirektives Vorgehen gewählt werden. Werden allerdings die „Gruppenregeln" verletzt, muss strukturierend durch die TherapeutInnen eingegriffen werden. Dass einzelne Gruppenmitglieder dazwischen- oder durcheinanderreden, nicht zuhören können, nicht passende Ratschläge geben oder gar verletzende Äußerungen gegenüber anderen Teilnehmern ausdrücken, darf im Interesse der Gruppenkohäsion und des Gruppenprozesses nicht toleriert werden.

9.2.4 Einführung in die Gruppenarbeit – Die erste Gruppensitzung

In der ersten Sitzung wird von der Gruppenleitung eine organisatorische Einführung in das Gruppenprogramm sowie ein Überblick über dessen Inhalte und Ziele gegeben. Es wird betont, dass die Angehörigengruppe ein Forum bietet, eigene Belastungen zu besprechen und Problemlösungen zu finden. Weiterhin wird ein thematischer Überblick zu den folgenden Sitzungen gegeben und insbesondere die Inhalte der nächsten Sitzung (Vortrag: Informationen zur Demenz) besprochen. Außerdem werden der formale Ablauf der Sitzungen, vor allem die Bedeutung des Entspannungsverfahrens jeweils zu Gruppenbeginn sowie die Gruppenregeln (siehe 9.2.3), erläutert.

Im folgenden wird den TeilnehmerInnen die Gelegenheit zum gegenseitigen Kennenlernen durch persönliche Vorstellung und Schilderung der aktuellen (Pflege-)Situation gegeben. Die Gruppenleitung fordert die TeilnehmerInnen außerdem zu einer Diskussion über Erwartungen und Befürchtungen in bezug auf die Gruppenarbeit auf.

Häufig wird schon während der Vorstellungsrunde deutlich, dass von seiten der TeilnehmerInnen das Bedürfnis besteht, ihre Situation sehr ausführlich und detailliert zu schildern. Es kann diesbezüglich der Hinweis von seiten der Gruppenleitung notwendig sein, dass im Verlauf der Gruppe noch ausführlich Gelegenheit bestehen wird, die wichtigsten Aspekte der Pflegesituation zu besprechen. Damit wird ein „Ausufern" der ersten Vorstellungsrunde verhindert. Dieses *direktive* Intervenieren verdeutlicht den TeilnehmerInnen

schon in der ersten Stunde, dass die Sitzungen strukturiert verlaufen und sich von einem nichttherapeutischen Gesprächskreis unterscheiden.

Formaler Ablauf der ersten Gruppensitzung
– Begrüßung
– Vorstellung der Gruppenleitung und Beratungsstelle
– Vorstellungsrunde der TeilnehmerInnen
– Erwartungen der TeilnehmerInnen
– Befürchtungen der TeilnehmerInnen
– Überblick über Gruppeninhalte und -ziele
– Hinweis auf Kommunikationsregeln und auf die Schweigepflicht
– Klärung organisatorischer Fragen:
– Gruppentermine
– Dauer der Gruppe (25 Treffen, 14tägig)
– Abschlussblitzlicht

Kapitel 10

Spezifische therapeutische Verfahren

Im folgenden Kapitel werden die einzelnen therapeutischen Bausteine der Gruppenarbeit vorgestellt, die das therapeutische Vorgehen und den Umgang mit Problemen, die im Gruppenverlauf auftreten können, beschreiben. Die Anwendung dieser „Bausteine" wird durch Arbeitsblätter unterstützt und durch zahlreiche Fallbeispiele aus der Praxis der Angehörigenberatung illustriert.
Die „Bausteine" sollen je nach individueller Problemlage der Angehörigen und je nach Gruppenverlauf flexibel eingesetzt und miteinander kombiniert werden. Eine feste Reihenfolge ist nicht vorgegeben (wie beispielsweise bei manchen störungsspezifischen Manualen).

„Bausteine" der therapeutischen Gruppenarbeit im Überblick

	Diagnostisches Vorgespräch	
Psychoimaginative Entspannung	Information und Wissensvermittlung	Problemlösekonzept
Kognitives Umstrukturieren	Familiensystemischer Ansatz	Probleme im Gruppenverlauf

Parallel stattfindende Betreuungsgruppe für demenzkranke Familienmitglieder

Dokumentation und Supervision

Von der Gruppenarbeit zur Einzelpsychotherapie	Fortführung als Selbsthilfegruppen

10.1 Psychoimaginative Entspannung

Im folgenden Kapitel werden die praktische Durchführung von Entspannungsverfahren, die Auswahl der jeweiligen Übungen für spezifische themenbezogene Gruppensitzungen und die Effekte der spezifischen Entspannungsübungen erläutert.

10.1.1 Einführung

Die positive Wirkung von Entspannung und Kompensation auf das psychische und physische Wohlbefinden konnte eindrücklich an Hand von Tagebuchanalysen von pflegenden Angehörigen nachgewiesen werden (siehe Kapitel 4 „Belastungserleben und Belastungsverarbeitung"). Im Vergleich zu allen anderen beschriebenen Bewältigungsstrategien können Entspannung und Kompensation als wirksamste Strategien zur Steigerung des Wohlbefindens bezeichnet werden. Aus diesem Grunde wird die Durchführung eines Entspannungsverfahrens als fester Bestandteil der Gruppensitzungen eingeplant. Die Angehörigen können somit gesundheitsförderndes Verhalten direkt erleben.

Als Entspannungstechnik werden imaginative Verfahren (Kossak, 1993) angewandt, da durch diese auch ohne Vorkenntnisse eine unmittelbar positive Wirkung auf das Wohlbefinden erlebbar sein kann. Verfahren wie beispielsweise die Progressive Muskelrelaxation nach Jacobson oder Autogenes Training erfordern ein kontinuierliches Training und sind somit bei einem 14-tägigen Sitzungsabstand wenig geeignet.

Zu Beginn der Entspannungsübungen sind eingehende Erläuterungen zu den *Zielen* und zur *Durchführung* wichtig, um die mit diesen Techniken meist unvertrauten TeilnehmerInnen nicht zu verunsichern. Als Ziel wird neben der wohltuend-entspannenden Wirkung angestrebt, dass die Angehörigen sich innerlich von Problemen distanzieren lernen und dadurch Stress oder negative Gedanken in den Hintergrund treten lassen können. Das konkrete Vorgehen sowie der zeitliche Rahmen (insgesamt durchschnittlich 15–20 min) werden besprochen, bisherige Erfahrungen mit Entspannungstechniken exploriert und den Angehörigen Raum zum Fragen gegeben.

Zu Beginn ist es wichtig, die GruppenteilnehmerInnen auf die Entspannung vorzubereiten und für eine ruhige Atmosphäre im Raum zu sorgen. Folgende Hinweise sollten vor der Entspannung gegeben werden:

– das Einnehmen einer bequemen Sitzhaltung (z.B. „Kutscherhaltung");
– Störendes an der Kleidung verändern, evtl. die Brille abnehmen;
– sich ganz auf sich selbst konzentrieren und die Augen schließen;
– Störungen im Körpergefühl, wie beispielsweise einen Hustenreiz, nicht versuchen, mühevoll zu unterdrücken, sondern ruhig husten und sich dann wieder auf die Entspannung konzentrieren;
– Störungen von anderen TeilnehmerInnen oder Lärm von außen an sich „vorbeigleiten" lassen und sich trotzdem ganz auf die eigene Entspannung konzentrieren;
– bei eigener momentaner Unfähigkeit zur Konzentration versuchen, sich trotzdem ruhig zu verhalten, ruhig sitzenzubleiben, um die anderen TeilnehmerInnen nicht in ihrer Entspannung zu stören.

Zu Beginn und auch im weiteren Gruppenverlauf wird wiederholt darauf hingewiesen, dass die Gruppenentspannung modellhaft wirken und als Anregung für entspannende Momente im Alltag, beispielsweise zur Anspannungsreduktion vor dem Schlafengehen dienen kann.

Die Entspannungsübungen sollten immer nach dem folgenden Ablaufschema durchgeführt werden:
1. Einleitende Kurzentspannung (siehe Arbeitsblatt Nr. 2, vgl. S. 67)
2. Imaginationsübung (siehe Arbeitsblätter Nr. 3–4, vgl. S. 68 und S. 69)
3. Beenden der Entspannung (siehe Arbeitsblatt Nr. 2, vgl. S. 67)
4. Rückmelderunde.

In den Erläuterungen zur Rückmelderunde, einem kurzen Erfahrungsaustausch nach der Entspannung, wird darauf hingewiesen, dass es keinen Mitteilungszwang gibt und die Erfahrungen nicht bewertet werden. Hilfreiche Fragen zur Rückmelderunde sind beispielsweise: „Wie fühlen Sie sich nach der Entspannungsübung? Waren für Sie die Phantasiebilder vorstellbar?"

Im folgenden werden verschiedene Imaginationsübungen und deren Wirkungen vorgestellt. Im ersten Teil handelt es sich um Verfahren zur Induzierung einer positiv-entspannten Befindlichkeit, im zweiten Teil um Imaginationen, die therapeutische Themen einleiten oder auf diese fokussieren können. Beispiele zur Einleitung und Ende der Entspannung sind im Arbeitsblatt Nr. 2 (vgl. S. 67) dargestellt.

10.1.2 Imaginationen zur wohltuenden Entspannung und zu positivem Erleben

• *Phantasiereisen zur wohltuenden Entspannung und zu positivem Erleben*

Als Inhalte wohltuender Phantasiereisen eignen sich beruhigende Naturbilder wie beispielsweise eine schöne Sommerwiese, ein stiller Bergsee, ein Waldspaziergang oder eine Vorstellungsreise durch die vier Jahreszeiten. Die folgende Phantasiereise soll dies illustrieren:

Phantasiereise: „Bergwanderung"

„Nun stellen Sie sich vor, Sie sind nach einer angenehmen Wanderung auf einer Bergwiese angekommen.

Um Sie herum ist Ruhe – völlige Ruhe – und ganz klare Luft ...

Und Sie atmen tief ein und genießen diese frische klare Luft ...

Sie fühlen sich wohl in dieser Klarheit und Frische ...

Sie setzen sich bequem auf den Boden – ein warmer sonnengewärmter Boden und schauen in die Weite ...

Sie sehen Felsmassive, Bergketten, ein herrlicher Panoramablick ...

Und Sie sehen in den Himmel, in das angenehme Blau ...

Sie genießen dies alles und ruhen sich in der warmen Sonne auf der Almwiese aus ...

Sie spüren die Ruhe, die Ruhe ist auch in Ihnen, sie sind gelöst und ruhig ...

Ihr Atem geht ruhig und gleichmäßig ...

Sie sind ganz ruhig und entspannt ...

Und Sie sehen weiter in die Ferne ...

Es sind so viele Berge und Hügel ringsherum ...

So viele Formen und Farben ...

Und Sie fühlen sich wohl und sind ruhig und entspannt, atmen die frische Bergluft ein und genießen diesen Ort noch eine Weile ...“

Erfahrungsbeispiele zur Imaginationsübung

Frau S. äußert in der Rückmelderunde: „Es ist wie ein kleines Fest für mich. Die Entspannung war herrlich wohltuend, ich habe mich gerne in die schöne Berglandschaft entführen lassen."

• *Übung zur Anleitung für individuelle Phantasiereisen*

Die Angehörigen werden angeleitet, sich mit Hilfe dieser Übung auf einen Ort der Geborgenheit zu konzentrieren und eigene, für sie angemessene Vorstellungsbilder zu finden, die sie zukünftig auch ohne Anleitung zur Beruhigung einsetzen können. Anregende und hilfreiche Beispiele für ein solches Bild können ein schöner Urlaubsort, der eigene Garten, eine sonnige Wiese, ein Waldspaziergang oder ähnliche Vorstellungen sein.

Ort der Ruhe und Entspannung
(aus: Basler & Kröner-Herwig, 1995, S. 147)

„Nun stellen Sie sich einen Ort vor, an dem Sie sich wohlfühlen, ... an dem Sie sich entspannen können.

Wählen Sie einen Ort aus Ihrer Phantasie oder aus der Erinnerung.

Achten Sie auf die Besonderheiten dieses Ortes, auf die Geräusche, die Gerüche, die Farben und auf die Lebewesen, die Sie umgeben. Nehmen Sie die Bilder, die in Ihnen aufsteigen, in sich auf und schauen Sie sich an diesem, Ihrem Ort der Ruhe und der Entspannung ganz genau um ...

Nehmen Sie von der Ruhe, von der Kraft, von der Energie dieses Ortes soviel wie möglich auf.

Dies ist Ihr Ort der Ruhe und Entspannung, an dem Ängste und Sorgen zurücktreten können, kleiner werden und sich vielleicht ganz auflösen können ...

Hier können Sie neue Kraft, Ruhe, Lebensenergie und Zuversicht in sich aufnehmen ...

Genießen Sie diesen, Ihren Ort der Ruhe und Entspannung nun noch einige Augenblicke ganz für sich allein.

Stellen Sie sich nun darauf ein, die Übung allmählich zu beenden. Nehmen Sie langsam Abschied von Ihrem Ort der Ruhe und Entspannung und seien Sie sich bewusst darüber, dass Sie jederzeit zu Ihrem Ort der Ruhe und Entspannung zurückkehren können – wann immer Sie wollen."

Beispiele

Frau M. erinnert sich an einen sehr wohltuenden Aufenthalt in einem Kloster und hat sehr konkrete Erinnerungen daran. Sie flüchtet sich in Gedanken immer dorthin, wenn sie sich belastet fühle und hofft wieder einmal dorthin zu kommen, obwohl sie gar nicht mehr wisse, ob das Kloster überhaupt noch existiere.

Herr T. „So einen Ort gibt es nicht; es ist unrealistisch und wäre schön, wenn es ihn gäbe". Er schildert sein Dilemma, dass dieser Ort nicht mehr als Zuflucht erlebbar ist, wenn seine Frau mit dabei ist.

• *Übung zur inneren Ablenkung*
Die Wirkung von geleiteten Gedanken auf das emotionale Erleben wird durch diese Phantasiereise erlebbar. Die TeilnehmerInnen erfahren durch die Übungen, dass sie durch angenehme Gedanken gezielt ihre Stimmung positiv beeinflussen können. Somit ist diese Übung gut als Überleitung zum Thema „Kognitive Verfahren/ Rational-emotive-Therapie" („ABC-Modell"/Ellis, 1977) geeignet.
Beispiel: Phantasiereise „Baum" (Basler & Kröner-Herwig, 1995; siehe Arbeitsblatt Nr. 3, vgl. S. 68).

Erfahrungsbeispiele zur Imaginationsübung

Frau K. äußert in der Rückmelderunde: „Die Entspannung tat mir sehr gut, ich sah eine schöne Birke im blauen Himmel und habe dabei Ruhe und Harmonie empfunden."

10.1.3 Imaginationen zur Einleitung therapeutischer Themen und/ oder Konzentrationslenkung auf spezifische Themen

• *Übung zur Problemwahrnehmung und Problemdistanzierung*
Die Angehörigen werden in einem ersten Schritt angeleitet, sich intensiv auf ihre aktuellen Probleme zu konzentrieren und in einem zweiten Schritt, sich von diesen innerlich zu distanzieren. Dadurch können die Gruppenmitglieder erleben, dass durch eine gezielte Lenkung der Vorstellung Probleme zumindest kurzfristig in den Hintergrund treten können.
Beispiele: „Problemkiste" („Abfalltechniken", „Roter Ballon", Kossak, 1993; siehe Arbeitsblatt Nr. 4, vgl. S. 69).

In der Rückmelderunde werden alle Gruppenmitglieder aufgefordert, über die Probleme, die sie in die Kiste packen wollten, zu berichten. So kann die Übung weiterführend als Vorbereitung/warming up zum Problemlösetraining eingesetzt werden. Dadurch wird ein Themenpool für das Problemlösetraining geschaffen. Im weiteren Gruppenprozess wird aus dieser Sammlung ein zu bearbeitendes Thema eines/einer Teilnehmers/

Teilnehmerin ausgewählt, hierbei sind besonders belastete Angehörige (siehe Beispiel Frau R.) vorrangig zu berücksichtigen (zum Vorgehen siehe Kapitel 10.3 „Problemlösekonzept").
Einleitend sollte in der Rückmelderunde betont werden, dass die Übung keine Problemlösung darstellt, sondern lediglich eine Möglichkeit, kurzfristig von den Belastungen Abstand zu nehmen, um sich dadurch vorübergehend etwas Erleichterung zu verschaffen.

Beispiel

Frau M. berichtet, dass sie eine sehr große, massive Holzkiste bis an den Rand mit ihren Belastungen gefüllt habe. Den Ballon, der die schwere Kiste davontrug, konnte sie sich gut vorstellen und sie habe ein schönes Gefühl von Leichtigkeit erlebt. Sie habe es sehr genießen können, auf der Sommerwiese zu liegen, sich zu entspannen und in der Ferne den Ballon davonfliegen zu sehen.

Erfahrungsgemäß ist es jedoch nicht für alle Angehörigen möglich, vorübergehend Abstand von ihren Problemen zu nehmen. Der hohe Belastungsdruck, unter dem diese Angehörigen stehen, wird durch die Übung hervorgehoben. Die folgenden Beispiele zeigen Reaktionen von Angehörigen, die sich von ihrer momentanen Belastung sehr überfordert fühlen:

Beispiel

So schildert Frau R., dass sie soviel Probleme in die Kiste gepackt habe, dass diese zu schwer gewesen sei, um davonzufliegen. Eine andere Angehörige konnte die Kiste aufgrund der Menge an Belastungen nicht mehr schließen und eine weitere berichtet gar, dass sie von der überladenen Kiste in ihrer Vorstellung erschlagen worden sei.

Wie oben beschrieben sollten der Belastungsdruck und die Probleme dieser Angehörigen vorrangig thematisiert und therapeutisch bearbeitet werden.

• *Übungen zu „Tabu-Themen" wie z.B. Kurzzeitpflege oder Heimunterbringung*
Die folgende Übung zeigt ein Beispiel für eine Imagination, die *nicht zur* Entspannung, sondern *innerhalb* der Gruppenstunde als Fokussierung und Wahrnehmungslenkung auf ein bestimmtes Thema eingesetzt wird. Dieses Vorgehen eignet sich besonders für Themen, über die sich Angehörige nur mit viel Überwindung mitteilen kön-

nen. Durch diese Methode wird der Einstieg in problematische, bisher vermiedene Themen erleichtert (siehe auch Kapitel 11 „Probleme im Gruppenverlauf"). Der einleitende Satz kann beispielsweise lauten: „Versuchen Sie sich vorzustellen, dass ihr Angehöriger/ihre Angehörige in einem Pflegeheim sei. Welche Bilder kommen Ihnen dabei, welche Gedanken und Gefühle?" (etwa 4 Minuten)

Im anschließenden Gruppengespräch werden die Bilder, Gedanken, Gefühle, die während der Vorstellung aufkamen, gesammelt und aufgeschrieben. Mit jedem/jeder einzelnen GruppenteilnehmerIn wird ein intensiver Dialog bezüglich der Ängste, der „Katastrophenvorstellungen" und der damit verbundenen Schuldgefühlen, der Angst vor der Entscheidung und der Verantwortung geführt. Der Entscheidungsprozess zum Für und Wider einer Heimeinweisung des/der Erkrankten wird dadurch gefördert (weitere Hinweise zum therapeutischen Vorgehen siehe Kapitel 10.3 „Problemlösekonzept").

Die folgenden Erfahrungsbeispiele aus einer Gruppensitzung verdeutlichen, dass diese Übung den TeilnehmerInnen ermöglicht, sich offen zu emotional belastenden Themen zu äußern.

Erfahrungsbeispiele zur Imaginationsübung

Herr M. (63 Jahre) hatte bei der Vorstellung, seine Ehefrau sei in einem Heim, ein Bild von Gefängnis, Pflegern in weißen Kitteln, die seine Frau festhielten, Eingesperrtsein ohne emotionale Zuwendung vor Augen. Er schilderte dieses Bild als „Horrorszenario". Auf die Frage, ob er schon einmal in einem Heim gewesen sei, antwortete er, dass er vor vielen Jahren einmal ein Heim besucht hätte, auf das diese Assoziation passen würde. Dies sei seine einzige Erfahrung mit Heim gewesen. Ob diese heute noch zutreffe, könne er nicht beurteilen. Für ihn sei es unmöglich, seiner Frau dies zuzumuten, auch wenn er selbst am Rande seiner Kräfte sei. Bei der Schilderung ist ihm eine ambivalente Haltung anzumerken, seine Ablehnung wirkt nicht mehr ganz überzeugend. Auf die Frage, wie sein soziales Umfeld reagieren würde, antwortet er, er glaube, dass alle Verständnis dafür haben würden. Er selbst blüht bei der Frage auf, was sich dann in seinem Leben verändern würde: Er könne wieder Kontakte knüpfen, würde im Garten arbeiten, seinen Interessen wieder

---

nachgehen können. Im weiteren Dialog kristallisiert sich heraus, dass ihm eine Heimeinweisung dann möglich erscheine, wenn seine Frau ihn nicht mehr erkennen würde. Solange sie ihn jedoch erkennt und er ihr auf irgendeine Weise noch zu Freude verhelfen könne, sei es ihm undenkbar. Im Laufe des Gesprächs wird ihm deutlicher, dass er die Entscheidung für seine Situation trägt, dass niemand (seine Frau eingeschlossen) ihm für den Entschluss zur Heimeinweisung Vorwürfe machen würde.

Frau T. (60 Jahre) betont, sie könne ihren Mann nicht alleinlassen, sie würde sich auch selbst furchtbar alleine fühlen ohne ihn. Sie erzählt ausgiebig von ihrer engen, guten Ehebeziehung. Bei diesem Thema kommen ihr die Tränen, es wird deutlich, dass sie den Verlust noch nicht akzeptieren kann. Im weiteren Gesprächsverlauf wird erkennbar, dass ihre Verwandten bei ihrer Entscheidung eine sehr große Rolle spielen. Sie alle hätten überhaupt kein Verständnis dafür, wenn sie ihren Mann ins Heim geben würde. Sie würde schwere Vorwürfe bekommen. Bei der fiktiven Annahme, es hätten alle vollkommenes Verständnis und würden ihren Entschluss sehr gut verstehen, reagiert sie spontan, dass sie in diesem Fall ihren Mann in ein Heim geben könne. Es hat den Anschein, als sei sie selbst überrascht über ihre Einschätzung, die so konträr zu den vorherigen Argumenten scheint. Die verschiedenen Beweggründe wurden sehr deutlich: einerseits die langjährige enge Bindung an den Ehemann und das Gefühl von Verlassenheit, wenn der Ehemann im Heim leben würde, andererseits die Bewertung dieser Entscheidung durch andere Personen.

10.1.4 Akzeptanz der Übungen

Einzelne TeilnehmerInnen können in manchen Gruppensitzungen Probleme haben, abschalten zu können und sich ganz auf die Vorstellungen einzulassen. Die Gruppenleitung sollte hierzu eine verständnisvolle Haltung (die anspannungsverursachenden Gedanken aufgreifen, thematisieren und eventuell zum Gruppenthema machen) oder eine entpathologisierende Haltung einnehmen („das geht jedem einmal so"). Die Erfahrungen mit den beschriebenen Verfahren zeigen eine positive Bewertung und hohe Akzeptanz durch die GruppenteilnehmerInnen.

Arbeitsblatt Nr. 2

Einleitende Kurzentspannung
(in Anlehnung an Rehfisch et al., 1989)

Wir beginnen nun mit der Entspannung.

Nehmen Sie eine ganz bequeme Haltung ein und schließen Sie die Augen. Rücken Sie sich solange zurecht, bis Sie wirklich bequem sitzen. Regulieren Sie, was Sie stören könnte an Ihrer Haltung oder Kleidung. Halten Sie die Augen geschlossen und stellen Sie sich ganz auf Entspannung ein. Konzentrieren Sie sich nun ganz auf Ihre Atmung. Spüren Sie, wie die Luft durch die Nase ein- und ausströmt. Atmen Sie ruhig und gleichmäßig in ihren Bauch, so dass sich die Bauchdecke beim Einatmen sanft anhebt und sich beim Ausatmen wieder senkt. Versuchen Sie die Ruhe und Entspannung zu genießen, während Sie meiner Stimme aufmerksam folgen. Entnehmen Sie aber all dem, was ich sage, nur das, was Sie gebrauchen können, was Ihnen hilft, in Ihrer Entspannung weiterzukommen, alles andere ist unwichtig.

Und versuchen Sie nun, die Muskeln im Körper locker werden zu lassen.

Es entspannen sich:

die Füße, die Waden

die Oberschenkel, das Gesäß

der Rücken – ganz locker und entspannt

die Schultern, fallenlassen, entspannen

die Arme, die Hände

der Hals, das Gesicht

Und der Kopf wunderbar ruhig und entspannt.

Und Sie merken, dass Sie mit jedem Ausatmen noch mehr entspannen können, mit jedem Ausatmen gehen Sie tiefer in die Entspannung, und tiefer und nur so weit, wie Sie möchten und wie es für Sie angenehm ist.

Stellen Sie sich nun vor ...

Beenden der Entspannung
(aus: Basler & Kröner-Herwig, 1995, S.143)

Kommen Sie jetzt langsam zum Ende ...

Spüren Sie Ihren Atem ... – Atmen Sie einige Male tief ein

Nehmen Sie den Raum in Ihrer Vorstellung wahr

Lassen Sie die Augen noch weiter zu und bewegen Sie sich

Strecken Sie die Beine

Strecken Sie die Arme

Räkeln und strecken Sie sich ...

Und kommen Sie jetzt mit Ihrer Aufmerksamkeit hier in den Raum zurück und öffnen Sie langsam die Augen.

Arbeitsblatt Nr. 3

Phantasiereise: „Baum"
(aus Basler & Kröner-Herwig, 1995, S. 142-143)

Stellen Sie sich nun einen Baum vor ... irgendeinen Baum, der gerade in Ihrer Vorstellung erscheint. Sehen Sie sich diesen Baum in Ruhe an ...
Was ist dies für ein Baum? ...
Wie sieht er aus? ... Wie groß ist er? ... In welcher Umgebung steht er?
Schauen Sie sich die Umgebung näher an ... Was sehen Sie dort alles?
Schauen Sie wieder den Baum an ... Seine Äste, ... die Blätter, ... die Rinde ...,

Nehmen Sie den Stamm wahr ... Stellen Sie sich die Wurzeln vor, ... wie weit sie in die Erde ragen ... sich immer mehr verzweigen ... Spüren Sie den Halt, den sie dem Baum geben ... Wie er mit ihnen fest in der Erde verwurzelt ist ... Stellen Sie sich vor, wie der Baum mit diesen Wurzeln das Wasser aus dem Boden aufnimmt und es in eine Nährflüssigkeit umwandelt ... Wie sie durch die Wurzeln fließt ... durch den Stamm ... durch die Äste ... bis hin zu den Blättern ... Spüren Sie die Kraft, die durch die Nährflüssigkeit im Baum aufsteigt ...

Stellen Sie sich nun vor, es ist Frühling, ... Erleben sie den Frühling, wie der letzte Schnee schmilzt ... die Knospen sprießen ... die Sonne etwas wärmer wird ... das Leben um den Baum herum erwacht ... Nehmen Sie die Vögel wahr ... die Frühlingslandschaft ...
Stellen Sie sich den Baum im Frühling vor, seinen Stamm, ... die Äste, ... die frischen Blätter, ... Die neuen taufrischen Blüten ... ihre Farben, ihren Geruch, ...

Gehen Sie nun weiter durch die Jahreszeiten und stellen Sie sich den Sommer vor ... die Wärme wird größer, die Sonne steht hoch am Himmel ... Es ist ein heißer Sommertag, schauen Sie sich um ... Wie sieht die Landschaft um den Baum herum aus? Wie sieht der Baum aus? Stellen Sie sich den Baum im Sommer vor, seinen Stamm, ... die Äste, die Blätter ... Ist es vielleicht ein Obstbaum, der Früchte trägt? Gehen Sie weiter durch die Jahreszeiten und stellen Sie sich den Herbst vor ...

Es wird langsam etwas kälter ... Es gibt heftige Winde ... die die Blätter durchwehen, die den Baum seine festen Wurzeln spüren lassen, die ihm sicheren Halt geben ... Die Blätter fangen an zu welken ... sie werden langsam gelb und dann braun ... Der Wind weht vereinzelt Blätter ab ... schauen Sie, wie sie vom Baum herunterfallen ... Wie sie rings um den Baum herumliegen ... Wie sieht dieser Baum aus? ... Sein Stamm, ... die Äste, ... die Blätter, ... Wie ist das Wetter? ... Schauen Sie sich die Landschaft um den Baum herum an ...

Gehen Sie nun weiter durch die Jahreszeiten und stellen sich den Winter vor ... Den Schnee, ... die Kälte, ... den Baum im Winter... Seinen Stamm, die Rinde, die Äste. Den kalten Wind, den Schnee, das Eis ... Sehen Sie zum Himmel, wie sieht er aus? Wie ist die Landschaft um den Baum herum? Gehen Sie nun noch einmal zu der Jahreszeit, die Ihnen gut gefallen hat ...
Verweilen Sie bei dieser Jahreszeit noch eine Weile ... allein für sich. Oder tun sie einfach das, was Ihnen hilft, sich weiter zu entspannen ... die Entspannung zu genießen, so wie Sie es mögen.

Aus: Wilz, Adler, Gunzelmann: Gruppenarbeit mit Angehörigen von Demenzkranken, © Hogrefe-Verlag, Göttingen (2001).

Arbeitsblatt Nr. 4

Phantasiereise: „Ballon"
(aus Rehfisch et al., 1989; S. 167-168)

Stellen Sie sich nun eine grüne Sommerwiese vor ... Sie haben eine Wolldecke, auf der Sie sich bequem hinlegen oder hinsetzen können, so wie es für Sie am angenehmsten ist. Sie machen es sich ganz bequem und genießen es, sich hier auszuruhen ... Sie spüren die angenehm warme Sonne, die weiche Unterlage, Sie sehen das grüne Gras und die bunten Blumen, und genießen den Duft des Grases und der Blumen, Sie genießen die Wärme und den Duft und lauschen ganz behaglich den Vögeln ... Sie sehen die Schmetterlinge und den blauen Himmel und Sie nehmen dies alles in sich auf.

Sie schauen nun zu Ihrem Fußende, dort steht eine große stabile Holzkiste mit einem Deckel. Sie beugen sich vor und Sie wissen, dass Sie nun in die Kiste alles hineinpacken können, was Sie im Moment bedrückt, Ihnen Sorgen bereitet. Sie können all dies dort hineintun, Ihre Gedanken, Ihre Probleme, alles und jedes, was Sie belastet.
Und in der Kiste ist ganz viel Platz, und Sie können noch mehr hineinpacken, und immer noch mehr und mehr, so dass Sie alles Wichtige, was Sie im Moment belastet, dort hineinpacken, und alles hat genau die richtige Größe, um dort in die Kiste hineinzupassen.

Und fühlen Sie nun, ob wirklich alles in der Kiste ist, was Sie dort hineinpacken möchten, lassen Sie nichts aus ... Und wenn Sie nun sicher sind, alles Wichtige ist nun in der Kiste, dann klappen Sie den Deckel zu, ganz fest zu und nehmen das große Vorhängeschloss, das an der Kiste hängt, und schließen damit die Kiste fest zu.
Den Schlüssel können Sie nun in die Tasche stecken, um ihn später wieder hervorzuholen oder einfach zu verlieren ... Vielleicht ist es Ihnen aber auch lieber, ihn schon jetzt wegzuwerfen, in einen Bach oder See.

Nun schauen Sie zu Ihrer linken Seite, Sie sehen dort einen großen Ballon, an einer dicken Schnur ... Der Ballon ist am Boden befestigt und zieht kräftig an der Schnur. Sie fassen die Schnur an und merken den kräftigen Zug ... Dann binden Sie das freie Ende um die Kiste, ganz fest und sicher, dass es wirklich hält. Und wenn Sie nun der Ansicht sind, es ist gut so, dann lösen Sie die Befestigung im Boden ... es gibt einen kurzen Ruck und der Ballon zieht langsam die Kiste nach oben ... Sie steigt langsam immer höher und höher ... und höher, Sie verfolgen den Flug des Ballons, der immer höher steigt und höher, immer höher in den Himmel, und er fängt an kleiner zu werden und kleiner, bald ist er nur noch ein kleiner Punkt am Himmel und er wird kleiner und verschwindet ganz.

Und Sie sind auf der Wiese und fühlen sich erleichtert, freier und genießen es, so erleichtert zu sein. Und wenn Sie nun gleich in den Alltag zurückkommen, dann können Sie die Kiste weit weg und verschlossen lassen.
Kommen Sie nun langsam mit Ihrer Vorstellung in den Raum zurück.

10.2 Information und Wissensvermittlung

Die therapeutische Arbeit mit pflegenden Angehörigen von Demenzkranken umfasst auch die sachliche Information sowie die Vermittlung von Wissen über die Erkrankung und den Umgang damit im Sinne eines „psychoedukativen Ansatzes". Im folgenden Kapitel werden die zentralen Inhalte für diesen Schwerpunkt der Angehörigenarbeit begründet und vorgestellt:
– Informationen über die Krankheit (Symptomatik, Ursachen, Verlauf)
– psychologisches Verständnis für demenzkranke Menschen
– Umgang mit demenzkranken Menschen
– Informationen über finanzielle und entlastende Hilfen

10.2.1 Gründe für den psychoedukativen Ansatz

Der psychoedukative Ansatz in der Gruppentherapie mit Angehörigen lässt sich folgendermaßen begründen:

a) Auch wenn inzwischen eine Reihe empfehlenswerter Literatur[1] und Ratgeber-Broschüren[2] für Angehörige veröffenlicht wurde, erleben Angehörige in der konkreten Konfrontation mit der Erkrankung meist ein erhebliches Informationsdefizit und damit verbundene Unsicherheit; in vielen Fällen ist dies sogar der erste Anlass zum Aufsuchen der Beratung.

b) Pflegende Angehörige haben in der Regel keine Vorerfahrungen mit Beratungs- oder Therapiesituationen. Sie müssen deshalb eine relativ hohe Hemmschwelle überwinden, um eine Beratungsstelle aufzusuchen und sich über ihre persönliche Situation zu äußern. Die sachliche Vermittlung von Wissen und die Aufklärung über die Erkrankung erlauben einen eher rationalen Zugang zur familiären Problemsituation, ohne dass sich die Betroffenen persönlich in einem für sie (noch) nicht tolerierbaren Ausmaß öffnen müssen.

c) Der Umgang mit einem dementiell erkrankten Familienmitglied erfordert eine genaue Kenntnis der Symptomatik der Erkrankung, ihres Verlaufs und der Bedingungen, die die Ausprägung der Symptome beeinflussen können. Diese Kenntnis kann den Angehörigen Sicherheit und Orientierung in ihren Handlungsmöglichkeiten geben und damit das Kontrollerleben erhöhen.

d) Die sachliche Auseinandersetzung mit Symptomatik und Verlauf der dementiellen Erkrankung ist bereits ein erster Schritt in dem schwierigen Prozess, die Veränderungen des erkrankten Familienmitgliedes akzeptieren zu lernen. Dieser Schritt ist wichtig für eine langfristige Bewältigung der Pflegesituation (siehe Kapitel 4 „Belastungserleben und Belastungsverarbeitung").

Mit dem psychoedukativen Ansatz wird die Gruppenarbeit dem häufig vordringlichen Bedürfnis der Angehörigen nach Aufklärung über die Erkrankung und den „angemessenen Umgang" mit demenzkranken Menschen gerecht. Darüber hinaus werden dadurch die Kompetenzen der Angehörigen in der praktischen Bewältigung der Anforderungen der Versorgung und Pflege erhöht.

Folgende Inhalte zur Symptomatik sollten vermittelt werden (siehe Arbeitsblätter 5–17, vgl. S. 78–86):
– Art der Symptome und Verlauf
– Schwankungen und Bedingungen gestörten Verhaltens
– psychologisches Verständnis für demenzkranke Menschen
– Leitlinien und Orientierungen für den Umgang mit demenzkranken Menschen
– Information über finanzielle Hilfen und entlastende Angebote.

In den folgenden Abschnitten werden die wichtigsten Themen des psychoedukativen Vorgehens erläutert.

10.2.2 Information über die Krankheitssymptomatik

Vielen Angehörigen gelingt es nicht, die dementielle Symptomatik als krankheitsbedingt wahrzunehmen. Hierfür gibt es vielschichtige Gründe. So kommt es zwar zu tiefgreifenden Veränderungen im Verhalten und der Persönlichkeit der

---

[1] z.B. Buijssen (1997), Fuhrmann et al. (1995), Gruetzner (1992), Krämer (1995), Miesen (1996)
[2] u.a. von pharmazeutischen Unternehmen, Ministerien und Forschungseinrichtungen

Kranken, diese bleiben aber von der äußeren Erscheinung unverändert und erscheinen daher nicht als offensichtlich „krank". Hinzu kommt, dass es bei einer dementiellen Erkrankung zu Tagesschwankungen kommt und die Erkrankten zeitweise Leistungen vollbringen oder Erinnerungen aktivieren können, die aber nicht regelmäßig abrufbar sind. Darüber hinaus werden Defizite geleugnet, um das Bild eines autonomen, selbstständigen Ehepartners oder Elternteils aufrechtzuerhalten (siehe Kapitel 3 „Demenz als Familienkrankheit").

Aufgrund unzureichenden Wissens über mögliche Symptome und ihre Bedingungen sowie deren Schwankungen kann Verhalten nicht realistisch beurteilt werden und bleibt unerklärbar. Dies führt zu einer erheblichen psychischen Belastung der Angehörigen, da damit subjektiv Kontrollverlust und Verhaltensunsicherheit gegenüber den krankheitsbedingten Veränderungen verbunden ist. Die Erklärung der dementiellen Symptomatik als Folge einer Krankheit fördert einen verständnisvollen, nicht überfordernden Umgang mit dem erkrankten Menschen.

Auf die Zusammenstellung der Symptome kann im weiteren Gruppenverlauf immer wieder zurückgegriffen werden, wenn Alltagsprobleme besprochen werden und die betreffende Symptomatik in das Gesamtproblem „Demenz" eingeordnet werden soll. Die folgenden Arbeitsblätter sollen die Vermittlung von Wissen über Demenz unterstützen.

Die Symptomatik wird beginnend mit leichteren Auffälligkeiten in frühen Krankheitsstadien bis hin zu immer ausgeprägteren Störungen und Einschränkungen im weiteren Krankheitsverlauf dargestellt. Bei der Erläuterung der Symptome ist es wichtig, die Angehörigen darauf hinzuweisen, dass damit keine zwingenden regelhaften Verläufe umschrieben sind, sondern dass im Einzelfall auch Schwankungen und Abweichungen vom dargestellten Verlauf möglich sind und nicht alle der genannten Symptome auftreten müssen.

Bei der Darstellung dieser Symptome sollten die Angehörigen darauf hingewiesen werden, dass die beschriebene Symptomatik und der Krankheitsverlauf auch von äußeren Einflussbedingungen mitbestimmt werden. Dies ist insbesondere deshalb wichtig, da solche Bedingungen aktiv beeinflussbar sind. Die Angehörigen erfahren somit, dass sie (in Grenzen) positiv auf die Erkrankung Einfluss nehmen können und dem Krankheitsgeschehen nicht „ausgeliefert" sind.

10.2.3 Psychologisches Verständnis für demenzkranke Menschen

Neben der Aufklärung über die Krankheitssymptomatik und deren mögliche Ursachen ist auch eine einfühlsame Vermittlung des Selbsterlebens demenzkranker Menschen notwendig. Dies wurde bereits einleitend in Kapitel 2 „Demenz: Epidemiologie, diagnostische Kriterien, Differentialdiagnostik, Symptomatik und Verlauf" erläutert. Beispiele für einen verstehenden Zugang zum demenzkranken Menschen finden sich auf Arbeitsblatt Nr. 7 (vgl. S. 76). Der einfühlsame, verstehende Zugang, der sich aus einer Betrachtung der dementiellen Symptomatik als Verlusterlebnis des Kranken ergibt und der Angst, Aggression, Unruhe oder Passivität erklären kann, fördert die Akzeptanz der Verhaltensauffälligkeiten. Sie erscheinen aus dem Erleben des erkrankten Menschen nachvollziehbar und plausibel und werden nicht mehr als Provokation oder als sinnlos interpretiert.

Beispiel

Die Überzeugung des erkrankten Menschen, nicht zu Hause zu sein (obwohl er sich objektiv in seiner Wohnung befindet) kann in symbolischer Weise als Ausdruck seines generellen Gefühls der Orientierungslosigkeit, der Hilflosigkeit oder der inneren Verlorenheit verstanden werden. Die Suche nach den längst verstorbenen Eltern kann als Wunsch nach Geborgenheit interpretiert werden.

Reagiert der Demenzkranke auf rationale Erklärungen mit Abwehr oder Angst, ist es hilfreicher, ihn auf der Ebene seiner Gefühle anzusprechen. In systematischer Weise wird diese Umgangsweise beispielsweise im Rahmen der Integrativen Validation (IVA; Richard, 1996) beschrieben und umgesetzt.

Die Angehörigen sollten ermutigt werden, frühere Gewohnheiten, Bedürfnisse oder individuelle Persönlichkeitszüge des Erkrankten zu erinnern und in Beziehung zum aktuellen Verhalten zu setzen.

Beispiel

Eine 78-jährige demenzkranke Frau hat ihr gesamtes Leben lang stets Wert auf Ordnung und Sauberkeit und diesbezüglich Anspruch auf einen „perfekt" geführten Haushalt gelegt. In ihrem aktuellen Verhalten klingt dieser Anspruch durch, wenn sie ständig Gegenstände umherräumt und über Tische wischt.

Auch wenn dieses Verhalten aufgrund der krankheitsbedingten Einschränkungen nun nicht mehr zielgerichtet ist, wird es von der Betroffenen dennoch als sinnvoll und bedeutsam erlebt. Es ist deshalb in der Betreuung wichtig, dieser Frau Gelegenheit zu geben, sich weiter in diesem Sinne zu betätigen und ihr die entsprechende Würdigung zu vermitteln („Wie gut, dass du dich darum kümmerst, dass es hier immer ordentlich ist").

10.2.4 Leitlinien des Umgangs mit dem erkrankten Menschen

Die Pflege durch Angehörige ist dadurch gekennzeichnet, dass die pflegenden und die erkrankten Familienmitglieder eine lange Lebensgeschichte miteinander verbindet. Diese hat auch der erkrankte Mensch mit seinen individuellen Stärken, Eigenschaften, Gewohnheiten, Vorlieben und Routinen als selbstständige, autonome Persönlichkeit geprägt. Die Angehörigen stehen deshalb vor der Aufgabe, sich gegenüber einem vertrauten Menschen nun in einer völlig neuen, im Alltagsverständnis ungewöhnlichen und den bisherigen Gewohnheiten, Regeln und Ritualen im Umgang miteinander sogar zuwiderlaufenden Art und Weise zu verhalten. Dabei müssen häufig auch Tabugrenzen überschritten werden (z.B. bei der Körperpflege). Bei der Vermittlung von Umgangsweisen mit dem erkrankten Menschen ist diese Besonderheit der familiären Pflege stets im Blick zu behalten.

Dennoch lassen sich allgemeine Leitlinien des Umgangs mit Demenzkranken vermitteln, die den Angehörigen eine erste Orientierung verschaffen und ihnen gleichzeitig deutlich machen, dass in ihrem Alltag mit dem erkrankten Menschen wesentliche Veränderungen vorgenommen werden müssen. Diese Leitlinien betreffen die allgemeine Einstellung gegenüber einem demenzkranken Menschen, die Förderung von Selbstständigkeit, Orientierung, Kommunikation, die Entwicklung von Verständnis und die Vermeidung von Konflikten (siehe Arbeitsblätter Nr. 11–17, vgl. S. 80–86).

Diese Leitlinien sollten nicht als abstrakte „Regeln" vermittelt werden, die mechanisch angewendet werden könnten. Stattdessen sollten sie am Beispiel von Alltagserfahrungen der Gruppenmitglieder und für die individuelle Situation konkretisiert und illustriert werden. Die Leitlinien dienen als Orientierungshilfe für die Angehörigen, um Sicherheit für den Umgang mit dem demenzkranken Familienmitglied und Alternativen

zum bisherigen Verhalten zu entwickeln. Dabei kann die Erfahrung gemacht werden, dass viele Angehörige sich intuitiv bereits häufig entsprechend wichtiger Leitlinien verhalten. Es geht nun darum, dass das Handeln sich bewusst und gezielt an bestimmten Leitlinien orientiert.

Die Leitlinien können auch zu anderen Zeitpunkten im Gruppenverlauf bei Bedarf immer wieder herangezogen werden, etwa als Unterstützung beim Problemlöseansatz.

Weitere praktische Hinweise für den Umgang mit Demenzkranken finden sich in der Literaturliste, die als Arbeitsblätter 18–21 (vgl. S. 87–90) hilfreiche Literatur für Angehörige auflistet. Zum Teil beruhen die hier zusammengestellten Orientierungen auf der dort genannten Literatur.

10.2.5 Informationen über finanzielle und pflegerische Hilfen

Pflegende Angehörige nutzen in vielen Fällen bestehende Hilfen und entlastende Dienste nicht. Zum einen liegt dies daran, dass die Inanspruchnahme von Hilfe auch ein Eingeständnis der eigenen Hilflosigkeit oder Überforderung wäre und ausserdem die Tatsache verdeutlichen würde, dass das demenzkranke Familienmitglied und man selbst tatsächlich der Hilfe bedarf. Zum anderen sind Angehörige aber oft zu wenig über die bestehenden Möglichkeiten informiert.

Zum psychoedukativen Ansatz gehört deshalb auch die Aufklärung über
- die Ansprüche aus der Pflegeversicherung sowie den formalen Weg bei der Beantragung der Anerkennung von Pflegebedürftigkeit nach SGB XI,
- unterstützende und entlastende Dienste wie ambulante Dienste, Tagesstätten oder Betreuungsgruppen.

Hierbei ist es wichtig, dass TherapeutInnen sich beispielsweise anhand von Seniorenratgebern, die inzwischen viele Kommunen oder Wohlfahrtsverbände auf lokaler Ebene herausgeben, einen Überblick über wichtige Einrichtungen und Angebote vor Ort verschaffen, um gezielt Angehörige dorthin verweisen zu können. Dabei ist es auch sinnvoll, solche Einrichtungen selbst zu besuchen, um einerseits Einsicht in deren Eignung für die Betreuung von Demenzkranken zu gewinnen, andererseits persönliche Kontakte zu den Einrichtungen herzustellen, um somit auf direktem Wege freie Kapazitäten erfahren zu können. Informationen zu den Regelungen der Pflegeversicherung finden sich in der Literaturliste, die als Arbeitsblatt für Angehörige erstellt wurde. Informationen und Materialien, die sich in der Praxis bewährt haben, finden sich auch im bereits genannten Handbuch der BAGA (Dirksen, Matip & Schulz, 1999).

10.2.6 Weiterführende Literatur, Ratgeber und Broschüren

Die Arbeitsblätter Nr. 18–21 (vgl. S. 87–90) enthalten einige Literaturhinweise für hilfreiche Broschüren und Bücher, die pflegenden Angehö-rigen zur Information empfohlen werden oder die in der Gruppenarbeit im Rahmen des psychoedukativen Ansatzes verwendet werden können. Da inzwischen eine Vielzahl unterschiedlicher Broschüren und Bücher erschienen ist, erhebt diese Auflistung keinen Anspruch auf Vollständigkeit.

Arbeitblatt Nr. 5

Symptome einer Demenz im zeitlichen Verlauf (1)	
Denken	• Nachlassende Konzentrations-fähigkeit • Neues kann nicht mehr gelernt werden • Gedächtnisstörungen für kürzliche Ereignisse • Nachlassende Fähigkeit, Zusammenhänge zu verstehen, logisch zu denken und Probleme zu lösen • Zunehmender Verlust der räumlichen und zeitlichen Orientierung • Zunehmender Verlust der Erinnerung an frühere Ereignisse und an nahestehende Personen • Verlust des Wissens über sich selbst

Arbeitsblatt Nr. 6

Symptome einer Demenz im zeitlichen Verlauf (2)

Sprache

- Richtige Wörter können nicht gefunden werden

- Konzentration auf Äußerungen anderer Menschen fällt zunehmend schwer

- Betroffene verlieren im Gespräch „den roten Faden"

- Fehler im Satzbau treten auf

- Sätze werden nicht zu Ende gebracht

- Satzbau wird einfacher (kurze Sätze)

- Ausdruck wird stark durch Floskeln geprägt

- Inhalt des Gesprochenen wird oberflächlicher

- Eigene Äußerungen verlieren den Bezug zu den Äußerungen der Gesprächspartner

- Der Inhalt von Gesprochenem wird nicht mehr korrekt und vollständig erfasst

Aus: Wilz, Adler, Gunzelmann: Gruppenarbeit mit Angehörigen von Demenzkranken, © Hogrefe-Verlag, Göttingen (2001).

Arbeitblatt Nr.7

Symptome einer Demenz im zeitlichen Verlauf (3)

Handeln

- Komplexe Handlungsabläufe werden zunehmend schwierig, später unmöglich (z. B. Umgang mit Geld)

- Neue und schwierige Anforderungen werden vermieden

- Frühere Hobbies werden aufgegeben

- Kontakte zu anderen Menschen werden weniger

- Probleme im Straßenverkehr treten auf (v. a. beim Autofahren), zum Beispiel Übersehen von Ampeln oder Verkehrsschildern

- Alltag kann nicht mehr organisiert werden (z. B. Einkauf)

- Einfache Alltagshandlungen sind ohne Hilfe nicht mehr möglich (z. B. Waschen, Anziehen)

- Inkontinenz und körperlicher Abbau bis zur Bettlägerigkeit

Arbeitblatt Nr. 8

Symptome einer Demenz im zeitlichen Verlauf (4)

Erleben

- Unsicherheit und Ängstlichkeit

- Depressivität

- Aggressive Reaktionen auf Kritik

- Häufige Stimmungsschwankungen

- Kontrolle über Gefühle geht zunehmend verloren

- Persönlichkeit verändert sich, wird „fremd"

- Gefühl der „Verlorenheit"

- Verlust des Identitätsgefühls („Wer bin ich?")

Aus: Wilz, Adler, Gunzelmann: Gruppenarbeit mit Angehörigen von Demenzkranken, © Hogrefe-Verlag, Göttingen (2001).

Arbeitblatt Nr. 9

Symptome einer Demenz: mögliche Einflussfaktoren

- **körperliches Unwohlsein, Schmerzen**

- **zusätzliche Erkrankungen (z. B. Infektionen)**

- **Hunger, Durst, Frieren, Schwitzen**

- **Müdigkeit, Erschöpfung**

- **Unruhe, Hektik in der Umgebung**

- **Überforderung, Angst, Aufregung**

- **Medikamenten-Nebenwirkungen**

- **Umgebungsänderungen (z. B. Klinikaufenthalt, Heimunterbringung)**

Aus: Wilz, Adler, Gunzelmann: Gruppenarbeit mit Angehörigen von Demenzkranken, © Hogrefe-Verlag, Göttingen (2001).

Arbeitsblatt Nr. 10

Die „innere Welt" demenzkranker Menschen verstehen

Demenz bedeutet Verlust von:

Fähigkeiten, Fertigkeiten und Selbstständigkeit	Sprache

Gedächtnis

Zeitlichem Erleben (Vergangenheit – Gegenwart – Zukunft)	Übereinstimmung mit dem Erleben der Realität bei den Gesunden

Aus: Wilz, Adler, Gunzelmann: Gruppenarbeit mit Angehörigen von Demenzkranken, © Hogrefe-Verlag, Göttingen (2001).

Arbeitsblatt Nr. 11

Orientierungen für den Umgang mit demenzkranken Menschen

- Es gibt keine festen und eindeutigen Regeln

- Achten Sie auf die Reaktionen des erkrankten Menschen: Aufregung, Angst, Aggressivität, Weinen können Hinweise auf Überforderung oder Verunsicherung sein

- Orientieren Sie sich im Umgang an den vorhandenen Fähigkeiten, nicht an den Defiziten

- Je nach Krankheitsstadium sind mehr oder weniger Hilfen notwendig

- Versuchen Sie nicht, „perfekt" zu sein

Aus: Wilz, Adler, Gunzelmann: Gruppenarbeit mit Angehörigen von Demenzkranken, © Hogrefe-Verlag, Göttingen (2001).

Arbeitsblatt Nr. 12

Orientierungen zur Förderung von Selbstständigkeit

- Grundprinzip: das Tun ist wichtiger als das Ergebnis

- Geben Sie Anregungen, ohne zu überfordern

- Vereinfachen Sie Anforderungen, zerlegen Sie diese in kleine überschaubare Einzelschritte

- Gestalten Sie Anforderungen so, dass Fehlleistungen so weit wie möglich ausgeschlossen sind (z. B. nur zur Jahreszeit passende Kleidung bereitlegen)

- Bieten Sie Hilfe „dosiert" an und steigern Sie diese nur schrittweise

- Machen Sie bestimmte Handlungen vor, wenn der erkrankte Mensch Ihre Anweisung nicht versteht

- Planen Sie mehr Zeit ein, als Gesunde benötigen

- Weisen Sie den erkrankten Menschen nicht auf Fehlleistungen hin und korrigieren Sie Fehlleistungen diskret und „nebenbei"

- Würdigen Sie auch geringfügig erscheinende Leistungen

- Passen Sie die Lebenswelt an die Behinderungen an

- Passen Sie die Anforderungen an die „Tagesform" des erkrankten Menschen an

Arbeitsblatt Nr. 13

Orientierungen zur Unterstützung von Kommunikation

- Sprechen Sie langsam; eine leise Stimme vermittelt Ruhe und Vertrautheit

- Bauen Sie keine „verschachtelten", komplizierten Sätze

- Vermitteln Sie nicht mehrere verschiedene Informationen zur gleichen Zeit

- Fragen Sie nach und beobachten Sie, ob der erkrankte Mensch Sie verstanden hat; wenn nicht: vermitteln Sie die gleiche Information mit anderen Worten

- Sprechen Sie den erkrankten Menschen mit Namen und mit Augenkontakt an, nicht unvermittelt von hinten oder von der Seite

- Setzen Sie Mimik und Gestik ein, um sich verständlich zu machen

- Vermitteln Sie Zuwendung und Aufmerksamkeit durch entsprechende Körperhaltung

Aus: Wilz, Adler, Gunzelmann: Gruppenarbeit mit Angehörigen von Demenzkranken, © Hogrefe-Verlag, Göttingen (2001).

Arbeitsblatt Nr. 14

Orientierungen zur Vermittlung von Sicherheit im Lebensraum

- Geben Sie nur dann Orientierungshilfen, wenn

  - diese vom erkrankten Menschen noch verstanden werden können

  - sie für den erkrankten Menschen eine persönliche Bedeutung haben

  - sie nicht zusätzlich zu Beunruhigung und Überforderung führen

- Verwenden Sie Notizzettel, „Checklisten" für regelmäßige Abläufe, Symbole zur Kennzeichnung von Türen

- Unterstützen Sie durch leichte Berührung und vorsichtige Führung am Arm den erkrankten Menschen, wenn er sich verloren fühlt

- Weisen Sie im Gespräch beiläufig auf Tageszeit, Jahreszeit, Ort oder Orientierungspunkte hin

Arbeitsblatt Nr. 15

Orientierungen zur Entwicklung von Verständnis

- Suchen Sie bei „verwirrtem" Verhalten danach, wo der persönliche Sinn für den erkrankten Menschen bestehen könnte; denken Sie dabei an den früheren Beruf, an Hobbies, an Gewohnheiten, an Vorlieben

- Passivität, Zurückweisen von Hilfe, Aggressivität des erkrankten Menschen sind oft Anzeichen für Beschämung, Überforderung oder Angst

- Der erkrankte Mensch verliert die Kontrolle über solche gefühlsmäßigen Impulse

- Aktuelle Situationen werden von früheren Erinnerungen überlagert, die Einfluss auf das Verhalten nehmen

- Hektik, Ungeduld und Aufregung übertragen sich auf den erkrankten Menschen

Aus: Wilz, Adler, Gunzelmann: Gruppenarbeit mit Angehörigen von Demenzkranken, © Hogrefe-Verlag, Göttingen (2001).

Arbeitsblatt Nr. 16

Orientierungen zur Unterstützung des Selbst-Erlebens

- Unterstützen Sie das Selbsterleben des erkrankten Menschen durch Wachrufen von Erinnerungen aus der Lebensgeschichte, z.B. durch Fotos, Musikstücke, Gegenstände

- Greifen Sie im alltäglichen Leben frühere Gewohnheiten und Vorlieben des erkrankten Menschen auf

- Denken Sie „symbolisch": die Suche nach dem „zu Hause" könnte den Wunsch nach Geborgenheit ausdrücken, die Suche nach den Eltern den Wunsch nach Zuwendung

- Sprechen Sie den erkrankten Menschen mit ruhiger Stimme darauf an, wenn Sie ihn als traurig, verärgert, hilflos, verwirrt, einsam ... erleben

- Vermeiden Sie, das Selbstwertgefühl des erkrankten Menschen durch Kritik, Vorwürfe oder unnötige Einschränkungen zu verletzen

Aus: Wilz, Adler, Gunzelmann: Gruppenarbeit mit Angehörigen von Demenzkranken, © Hogrefe-Verlag, Göttingen (2001).

Arbeitsblatt Nr. 17

Orientierungen zur Vermeidung von Konflikten

- Diskutieren Sie mit dem erkrankten Menschen nicht, wer „im Recht" ist

- Bei Überforderung entspannt es die Situation, Aufgaben – wenn möglich – auf einen späteren Zeitpunkt zu verschieben

- Überlassen Sie – wenn möglich – bei aktuellen Spannungen die Versorgung zeitweise einer anderen Person

- Bei Angst, Aufregung oder Konflikten ist

  – beruhigen besser als erklären

  – verständnisvolle Zuwendung besser als korrigieren

  – Wertschätzung der Person besser als Konfrontation mit der nicht verstandenen Realität

  – freundliches Ablenken besser als diskutieren

Aus: Wilz, Adler, Gunzelmann: Gruppenarbeit mit Angehörigen von Demenzkranken, © Hogrefe-Verlag, Göttingen (2001).

Arbeitsblatt 18

Hilfreiche Informationen für das Leben mit einem demenzkranken Menschen

Alzheimer Europe (1999). Handbuch der Betreuung und Pflege von Alzheimer-Patienten. Stuttgart/ New York: Georg Thieme Verlag.

Buijssen, H. (1994). Senile Demenz. Eine praktische Anleitung für den Umgang mit Alzheimer-Patienten. Weinheim: Beltz.

Fuhrmann, I. et al. (1995). Abschied vom Ich – Stationen der Alzheimer Krankheit. Freiburg: Herder.

Gruetzner, H. (1992). Alzheimersche Krankheit. Ein Ratgeber für Angehörige und Helfer. Weinheim: Beltz.

Gümmer, M. & Döring, J. (1994). Im Labyrinth des Vergessens. Bonn: Psychiatrie Verlag.

Krämer, G. (2000). Alzheimer Krankheit. Ursachen, Krankheitszeichen, Untersuchung, Behandlung. Stuttgart: Georg Thieme Verlag.

Miesen, B. (1996). „So blöd bin ich noch lange nicht" – was in geistig verwirrten älteren Menschen vorgeht. Informationen und Hilfe für Angehörige, Freunde und Pflegende. Stuttgart: Thieme.

Schmitt, E. M. (1999). Leitlinien zum Umgang mit Verwirrten. Schwierigen Situationen begegnen. Hannover: Vincentz Verlag.

Informationen im Internet:

www.deutsche-alzheimer.de

www.alois.de

Erfahrungsberichte von Angehörigen und Romane:

Bernleff, J. (1989). Hirngespinste. München, Zürich: Piper Verlag.

Schreiner, M. (1997). Nackte Väter. Zürich: Haffmans Verlag.

Schulze-Gerlach, T. (1994). Mein Lebensende mit dir. Leipzig: Verlag Kurtz & Co.

Arbeitsblatt 19

Hilfreiche Informationen für das Leben mit einem demenzkranken Menschen (2)

Broschüren

Alzheimer Hilfe. Eine Initiative von Eisai und Pfizer (Hrsg.). Die Alzheimer Krankheit. Wissenswertes und Tipps für Interessierte, Betroffene und Angehörige. Frankfurt/Karlsruhe: Alzheimer Hilfe.
EISAI GmbH, Abtlg. Alzheimer-Krankheit, Lyoner Str. 14, 60528 Frankfurt

Alzheimer-Krankheit. Sie sind nicht allein. Informationen und Tips für Angehörige.
EISAI GmbH, Abtlg. Alzheimer-Krankheit, Lyoner Str. 14, 60528 Frankfurt

„Noch viele gute Tage". Vom richtigen Umgang mit Verhaltensauffälligkeiten im Alter. JANSSEN-CILAG

„Könnte es Alzheimer sein?" Tips und Wissenswertes für Angehörige und Interessierte. Novartis Pharma GmbH, 90327 Nürnberg

Alzheimerkranke betreuen – praktische Ratschläge für den Alltag.
Knoll GmbH, Praxis-Eunerpan-Service, Postfach 1244, 25430 Uetersen

Angehörigen-Broschüre. Eine kleine Hilfe im Umgang mit Alzheimer-Patienten.
Parke-Davis GmbH, Cognex-Service, Mooswaldallee 1, 79090 Freiburg

Wenn das Gedächtnis nachlässt. Ratgeber für die häusliche Betreuung demenzkranker älterer Menschen. DVG mbH Meckenheim, Birkenmaarstr. 8, 53340 Meckenheim

Ein Tag mit Opa Karl. Ein Tag im Leben des demenzkranken Opas Karl.
Knoll GmbH, Praxis-Eunerpan-Service, Postfach 1244, 25430 Uetersen

Opa Karl geht ins Krankenhaus. Ein Ratgeber für Angehörige und Klinikpersonal.
Knoll GmbH, Praxis-Eunerpan-Service, Postfach 1244, 25430 Uetersen

Arbeitsblatt 20

Hilfreiche Informationen für das Leben mit einem demenzkranken Menschen (3)

Ratgeber für Angehörige von Patienten mit dementiellen Erkrankungen. Patienten-service.
Dr. Willmar Schwabe GmbH & Co., Postfach 41 09 25, 76209 Karlsruhe

Hilfe und Pflege im Alter. Informationen und Ratschläge für die Betreuung und Ver-sorgung zu Hause.
Kuratorium Deutsche Altershilfe, Wilhelmine-Lübke-Stiftung e.V., An der Pau-luskirche 3, 50677 Köln

Pflegen zu Hause. Ratgeber für die häusliche Pflege.
Bundesministerium für Arbeit und Sozialordnung, Jägerstr. 9, 10117 Berlin

Ratgeber für Behinderte.
Ministerium für Arbeit, Gesundheit und Soziales des Landes NRW, Horionplatz 1, 40190 Düsseldorf

Das neue Betreuungsgesetz.
Bundesministerium der Justiz. Referat für Presse und Öffentlichkeitsarbeit. Jerusa-lemer Str. 24-28, 10117 Berlin

Betreuer trauen sich.
Akademie für öffentliches Sozialwesen, Auf'm Hennekamp, 40225 Düsseldorf

Pflegeversicherung.
Bundesministerium für Arbeit und Sozialordnung, Jägerstr. 9, 10117 Berlin

Rente für Pflege. Rentenversicherung für Pflegepersonen.
Bundesministerium für Arbeit und Sozialordnung, Jägerstr. 9, 10117 Berlin

---

Aus: Wilz, Adler, Gunzelmann: Gruppenarbeit mit Angehörigen von Demenzkranken, © Hogrefe-Verlag, Göttingen (2001).

Arbeitsblatt 21

Hilfreiche Informationen für das Leben mit einem demenzkranken Menschen (4)

Deutsche Alzheimer Gesellschaft e.V. (Hrsg.)

– Ratgeber in rechtlichen und finanziellen Fragen (DM 8.00)

– Leitfaden zur Pflegeversicherung (DM 8.00)

– Das Wichtigste über die Alzheimer Krankheit (DM 3.00 als Rückporto)

– Ist es Alzheimer? (DM 1.10 als Rückporto)

– Informationsblätter zu den Themen Epidemiologie, Neurobiologie, Diagnose, Genetik, Medikamentöse Behandlung, Pflegeversicherung, Nicht-medikamentöse Behandlung, Betreuungsrecht, Vorsorgevollmacht/Betreuungsverfügung/Patiententestament
(Einzelblätter kostenlos, bei Mehrexemplaren Stückpreis von DM 0,30).

Die Broschüren können bestellt werden bei:
Deutsche Alzheimer Gesellschaft e.V., Kantstr. 152, 10623 Berlin,
Telefon 030 – 31 50 57 33, Fax 030 – 31 50 57 35

(Stand: 12/2000)

Aus: Wilz, Adler, Gunzelmann: Gruppenarbeit mit Angehörigen von Demenzkranken, © Hogrefe-Verlag, Göttingen (2001).

10.3 Problemlösekonzept

Im folgenden Kapitel werden die Inhalte und Prinzipien des Problemlösekonzepts erläutert und die konkreten therapeutischen Schritte bei der Anleitung zum Problemlösen dargestellt. Die individuellen Probleme einzelner Gruppenmitglieder werden nach dem Prinzip der *Einzeltherapie in der Gruppe* bearbeitet. So können auch die übrigen Angehörigen von der Problemlösung eines anderen Gruppenmitgliedes durch *Lernen am Modell* profitieren.

10.3.1 Einführung

Pflegende Angehörige fühlen sich häufig überfordert von der Fülle neuer problematischer Ereignisse, mit denen sie konfrontiert werden. Deshalb erleben Angehörige es als sehr hilfreich, in der Entwicklung umsetzbarer Lösungen für schwierige Situationen unterstützt zu werden. Diese Veränderungen können zudem als Quelle positiver Verstärkung wirken, die das Vertrauen in die Bewältigung der Pflegesituation positiv beeinflusst. Auch wenn Probleme nur zum Teil gelöst werden können, hilft das aktive Umgehen mit der Situation den Angehörigen, sich aus einer Haltung von Hilflosigkeit, Resignation und erlebtem Kontrollverlust zu lösen.

Das im Folgenden dargestellte Konzept orientiert sich an dem von D'Zurilla und Goldfried (1971) entwickelten therapeutischen Problemlösungsprogramm, welches ein Training allgemeiner Problemlösestrategien vorsieht. In diesem werden generell drei Lernziele formuliert:

1. die Vermittlung eines systematischen Vorgehens bei der Überwindung aktueller Probleme
2. die Stärkung von Selbstbewusstsein und Kontrollüberzeugungen im Umgang mit Problemen
3. das Erlernen einer Methode zur selbstständigen Lösung zukünftiger Probleme

Das therapeutische Vorgehen in der Gruppe orientiert sich an dem Prinzip der *Einzeltherapie in der Gruppe*. Das Bearbeiten eines individuellen Problems von einem Gruppenmitglied kann somit als Modell für alle übrigen TeilnehmerInnen wirken. Die Angehörigen lernen in der Gruppe, dass der Problemlöseprozess in mehreren aufeinander aufbauenden Schritten erfolgt und dadurch das Bewältigen von Schwierigkeiten übersichtlicher und leichter wird. Die einzelnen Schritte unterteilen sich in (Fliegel, 1994):

1. Problem- und Zieldefinition
2. Sammeln von Lösungsmöglichkeiten
3. Bewertung der Lösungsmöglichkeiten
4. Planung und Umsetzung der Lösungsmöglichkeiten
5. Bewerten des Ergebnisses und evtl. erneutes Durchlaufen des Problemlöseprozesses.

Arbeitsblatt Nr. 22 (vgl. S. 99) zeigt ein typisches Formblatt zur Anleitung für die Gruppenmitglieder (in Anlehnung an Hahlweg & Kaiser, 1996).

Die schrittweise Bearbeitung dieser Komponenten des Problemlösekonzeptes sowie generelle Leitlinien des therapeutischen Verhaltens werden im Folgenden erläutert und an Hand von Beispielen illustriert.

10.3.2 Leitlinien des therapeutischen Verhaltens

* *Edukative Aufgaben*
Die Gruppenleitung sollte verständlich und anschaulich Wissen über Probleme (Definition: „Was ist ein Problem") und Problemlösungen vermitteln sowie die Art und Bedeutung der einzelnen Schritte erklären und an Beispielen erläutern. Die Benutzung einer Wandtafel oder eines Flip-chart kann hierbei die Übersichtlichkeit und Verständlichkeit sehr erhöhen.

* *Strukturierende Aufgaben*
Durch eine gezielte Diskussion werden die Angehörigen angeleitet und unterstützt, Probleme zu spezifizieren und konkret und exakt zu formulieren. Das Arbeitsbatt Nr. 22 ist für diese Strukturierung sehr hilfreich.

* *Gruppenleitung als Modell*
Die Gruppenleitung sollte modellhaft demonstrieren, wie vielfältig Lösungsmöglichkeiten aussehen und einzelne Lösungsschritte konkretisiert werden können. Im Rollenspiel und Rollentausch können den Angehörigen Probleme verdeutlicht und Lösungsmöglichkeiten eröffnet werden.

* *Verstärkende Funktion*
Fortlaufend werden unterstützende Rückmeldungen gegeben und hilfreiche Lösungsansätze verstärkt.

10.3.3 Problem- und Zieldefinition

• *Problemanalyse*

Die von den Angehörigen berichteten Belastungen lassen meist einen hohen Problemdruck erkennen, wobei aber die genauen Umstände, Bedingungen und Zusammenhänge der Belastungen in dem allgemeinen Klagen unklar oder vage bleiben. So könnten beispielsweise Erschöpfungszustände einer pflegenden Ehefrau dadurch entstehen, dass sie aus Unkenntnis über ihre Ansprüche keine entlastenden Dienste in Anspruch nimmt (z.B. einen ambulanten Pflegedienst), dass sie keine Unterstützung von anderen Familienmitgliedern erhält, weil unausgesprochene Regeln des Familiensystems sie zur Hauptverantwortlichen machen, dass der demenzkranke Ehemann aufgrund des veränderten Tag-Nacht-Rhythmus nachts unruhig durch die Wohnung läuft und sie ihn beruhigen muss, oder dass sich in der Erschöpfung die psychische Überforderung manifestiert, die aus der Konfrontation mit den Persönlichkeitsveränderungen des Ehemannes resultiert. Häufig sind es mehrere verschiedene Faktoren, die miteinander wirken (z.B. wird gar kein ambulanter Dienst gesucht, weil nach den „Familienregeln" Probleme nicht „nach aussen getragen" werden dürfen) und erst gemeinsam einen bestimmten Aspekt der Belastung (z.B. Erschöpfungszustände) hervorrufen.

Die Problemanalyse bedeutet hier ein strukturiertes Vorgehen, das die verschiedenen Ebenen der Belastungen differenziert erfasst und aufeinander bezieht. Erst aus ihrer Kenntnis lassen sich gezielte Problemlösungen erarbeiten (z.B. Einschaltung eines ambulanten Dienstes, medikamentöse Behandlung der nächtlichen Unruhezustände). Die Klagen der Angehörigen werden in verschiedene Teilprobleme gegliedert, die konkret beschrieben werden können und konkrete Lösungen in aufeinander bezogenen „handhabbaren" Teilschritten ermöglichen (so ist beispielsweise erst eine Reflexion über „Familienregeln" notwendig, bevor entlastende Dienste akzeptiert und organisiert werden können).

• *Therapeutisches Vorgehen*

Schon zu Beginn wird die Gruppendiskussion direktiv und strukturiert geleitet. Die Angehörigen werden darauf hingewiesen, dass in jeder Gruppenstunde konstruktiv nur an einem Problem gearbeitet werden kann, jedoch alle Gruppenmitglieder, auch wenn kein eigenes Problem thematisiert wird, viel über den allgemeinen Umgang mit Problemen lernen können.

Im ersten Schritt des Trainings ist zu klären, welches Problem der/die Angehörige vordringlich bearbeiten möchte. Oft ist die Situation schwer durchschaubar und es muss analysiert werden, worin das Problem genau besteht. Häufig ist es bei der komplexen Pflegesituation notwendig, eine Untergliederung in mehrere Teilprobleme vorzunehmen.

Die Angehörigen werden deshalb zu Beginn aufgefordert, kurz (im Stillen) über aktuelle Probleme nachzudenken und diese aufzuschreiben; hierfür eignet sich die unter Kapitel 10.1 „Psychoimaginative Entspannung" beschriebene Übung zur Problemwahrnehmung.

Danach werden in einem kurzen Erfahrungsaustausch die Probleme jedes/jeder einzelnen lediglich *benannt,* ohne diese schon näher auszuführen. Mit dem Hinweis darauf, dass alle im weiteren Verlauf einmal an der Reihe sein werden, wird das Problem eines Teilnehmers/einer Teilnehmerin ausgewählt. Kriterien für die Auswahl können sein:

– ein hoher Leidensdruck
– ein Problem, das für einige in der Gruppe relevant ist
– ein gut zu bearbeitendes Problem, an dem die einzelnen Schritte übersichtlich demonstriert werden können.

Zu beachten ist, dass für die Auswahl des Problems nicht mehr als 10 Minuten verwendet werden sollten, damit die TeilnehmerInnen auch hier modellhaft schon ein strukturiertes und gezieltes Vorgehen erfahren.

Der/die ausgewählte Angehörige wird nun ermuntert, die Problemsituation ausführlich zu beschreiben, inklusive seiner/ihrer Gedanken und Gefühle. Am besten fordert man die Person auf, die Situationen beispielhaft und möglichst anschaulich zu erzählen.

Beispiel einer Problemsituation

Der 68-jährige Herr W. ist mit der Versorgung seiner schwer dementen 67-jährigen Ehefrau psychisch und physisch überfordert, da er weder professionelle Entlastung noch Unterstützung von seinen erwachsenen Kindern erhält. Sein gesamter Tagesablauf, die Freizeitgestaltung und Zeiten der Entspannung werden von der Versorgung seiner Ehefrau bestimmt, die die meiste Zeit des Tages in Anspruch nimmt. Die einzige Hilfe, die Herr W. sich zugesteht, ist der regelmäßige Besuch der Angehörigengruppe. Sein hohes Ausmaß an Belastung zeigt sich in Depressionen und häufigem Weinen. Herr W. muss von der Gruppenleitung in seinem Redefluss verständnisvoll und mit Hinweis auf die Abfolge der Problemlöseschritte unterbrochen werden, da er sonst die Gruppenstunde mit der Beschreibung seiner Problematik füllen würde.

Bei der meist beschriebenen Fülle von problematischen Situationen ist es günstig, den Angehörigen/die Angehörige eine *Rangliste* seiner/ihrer Probleme erstellen zu lassen. Damit wird die Entscheidung erleichtert, an welchem seiner/ihrer Probleme vordringlich gearbeitet werden soll. In den meisten Fällen ist eine Unterteilung des Problems in einzelne bearbeitbare Teilprobleme notwendig. Es kann sinnvoll sein, nicht gleich mit dem schwierigsten, sondern mit einem Problem zu beginnen, das eine schnelle und erfolgreiche Lösung verspricht. So kann dem/der Angehörigen ein Erfolgserlebnis vermittelt werden, welches seine/ihre Kontrollüberzeugung und weitere Motivation verbessert, konstruktiv an Problemen zu arbeiten.

Beispiel

Die 57-jährige Frau H. versorgt seit zehn Jahren ihren 64-jährigen Ehemann, der inzwischen schwer dementiell erkrankt, bettlägerig und vollständig auf Hilfe angewiesen ist. Sie empfindet ihre Situation ausweglos, da ihr Mann sie nicht mehr als seine Ehefrau erkennt und (v.a. bei Alltagsaktivitäten wie Waschen oder Toilettengang) laut um Hilfe schreit und um sich schlägt. Besonders schwerwiegende Belastungsmomente sind außerdem die Harn- und Stuhlinkontinenz. Wegen der umfangreichen Pflege kann sie ihren Hobbies nicht mehr nachgehen und vernachlässigt den Kontakt zu anderen Menschen. Auch von ihren Kindern erhält sie zu wenig Unterstützung. In der Problemanalyse wird ihre Situation auf verschiedene Ebenen bezogen:

- Umgang mit dementiell gestörtem Verhalten,
- Trauer um den Verlust des Ehemannes,
- Verlust sozialer Kontakte und Hobbies,
- Klärung von Verantwortlichkeiten innerhalb der gesamten Familie.

Auf diesen verschiedenen Ebenen können jeweils eher kurzfristige Ziele (z.B. Vermittlung von Handlungsmöglichkeiten bei schwierigen Alltagssituationen), mittelfristige Ziele (Organisation stundenweiser Entlastung) und langfristige Ziele (Klärung der Erwartungen an die Kinder) formuliert werden. Die Umsetzung der kurzfristigen Ziele ist konkret vorstellbar, die Situation erscheint insgesamt geordneter und auch Möglichkeiten der Entlastung können in eine zeitliche Abfolge gebracht werden. Frau H. meint, sie „sehe nun wieder Land" und beginnt zielorientiert, mit den TherapeutInnen ihre Probleme in systematischer Weise zu analysieren und Lösungsmöglichkeiten zu erarbeiten.

- *Zielanalyse*

Häufig stellen bereits die Ziele der Angehörigen ein eigenes Problem dar, wenn etwa das Ziel darin besteht, Fertigkeiten wieder aufzubauen, die im dementiellen Prozess unwiederbringlich verloren sind. In diesem Zusammenhang ist eine Gruppendiskussion über realistische Ziele, die konkret und verhaltensnah sein sollten, zu führen.

- Hilfreiche Fragen zur Definition von Zielen sind:
  - *Was würde mir die Situation erleichtern?*
  - *Worüber würde ich mich freuen?*
  - *Womit würde ich mich besser und weniger belastet fühlen? Worin bestehen meine eigenen Bedürfnisse in der Situation?*
- In einem nächsten Schritt ist genau zu analysieren, ob bzw. welche Hindernisse der Zielerreichung entgegenstehen. In diesem Zusammenhang kann es sich lohnen, folgende Fragen zu stellen:
  - *Wie sähe die jetzige Situation aus, wenn ich mein Ziel schon erreicht hätte?*
  - *Wie sehen andere das Problem? Gibt es analoge Situationen?*
- Die formulierten Ziele sollten auf das Wertesystem des/der Angehörigen bezogen werden. Indem man das Problem in größeren Zusammenhängen betrachtet, z.B. durch eine Vergrößerung der Zeitperspektive (auf mehrere Jahre bezogen), kann die persönliche Bedeutsamkeit von Veränderungen hervorgehoben werden:
  - *Gibt es Befürchtungen, die durch diese Zielsetzung hervorgerufen werden (negative Folgen)?*
  - *Stehen die Ziele möglicherweise im Konflikt mit den Vorstellungen des familiären Umfeldes?*

Diese Betrachtungen können eine Veränderung der Zieldefinition notwendig machen.

Die nun erfolgte Problem- und Zieldefinition wird abschließend schriftlich in das Formblatt (siehe Arbeitsblatt Nr. 22, S. 99) eingetragen.

Beispiel einer Zieldefinition

Herr W. (68 Jahre) möchte wieder mehr Zeit für sich selbst haben, um seinen Gesundheitszustand und sein Wohlbefinden zu verbessern.

Je nach Komplexität des Problems können diese ersten Schritte viel Zeit in Anspruch nehmen, es kann auch nötig sein, die Angehörigen aufzufordern, bis zur nächsten Sitzung noch einmal in Ruhe über ihre Wünsche und Ziele nachzudenken.

Zusammenfassende Betrachtung: Die Vielfalt und Neuartigkeit der Probleme und Anforderungen der Angehörigen, die häufig als chaotisch und unlösbar empfunden werden, erhalten durch die Problemanalyse einen ordnenden Rahmen. Wird das Belastungserleben im Rahmen der Problemanalyse in die verschiedenen der oben genannten Einzelaspekte gegliedert, so ist leichter vorstellbar, zumindest in einigen dieser Bereiche konkrete Lösungen zu finden. Die Belastung wird „handhabbar" und überschaubar. Die strukturierte Problemanalyse hat für die Angehörigen somit einen kognitiv-ordnenden Effekt und kann dadurch schon entlastend wirken.

Weiterhin kann das systematische, ordnende Vorgehen motivierend für die Teilnahme an der Gruppentherapie sein, da die Analyse der Problemsituation von den Angehörigen bereits eine aktive Beteiligung am therapeutischen Prozess erfordert. Diese Handlungsorientiertheit widerspricht zwar oftmals dem verständlichen, eher regressiven Bedürfnis der Angehörigen nach Entlastung, Ruhe, Aussprachemöglichkeit und Klagen-Dürfen. Sie kann aber auch dem Gefühl des „Ausgeliefertseins", der Hilflosigkeit, des erlebten Kontrollverlusts und der Resignation entgegenwirken, das sich bei vielen Angehörigen findet. Die entlastende Wirkung der strukturierten Problemanalyse vermittelt den Angehörigen, dass ein aktives, konstruktives und zielorientiertes Vorgehen langfristig positivere Konsequenzen hat als eine (nur kurzfristige und vorübergehende) Entlastung durch Klagen.

10.3.4 Sammeln von Lösungsmöglichkeiten

Die zweite Komponente des Problemlösetrainings dient der Entwicklung von Lösungsmöglichkeiten bezüglich des besprochenen Problems. Die TherapeutInnen motivieren die GruppenteilnehmerInnen dazu, möglichst viele Lösungsmög-

lichkeiten zu generieren. Dazu eignet sich die Technik des „Brainstorming" mit der Grundregel, dass alle Vorschläge akzeptiert und nicht kritisiert oder bewertet werden. Die TeilnehmerInnen lernen dadurch eingefahrene Lösungsmuster zu verlassen und kreativ Ideen zu generieren. Je größer die Anzahl an Vorschlägen ist, umso leichter können angemessene Lösungsmöglichkeiten gefunden werden. Alle genannten Lösungsvorschläge werden ohne Wertung der Gruppenleitung an der Tafel notiert.

Beispiel für verschiedene Lösungsvorschläge bezüglich des Problems von Herrn W.:

- Organisation eines ambulanten Dienstes
- Die Söhne um Unterstützung bitten
- Mit der demenzkranken Ehefrau angenehme Aktivitäten planen
- Die demenzkranke Ehefrau in einer Tagespflegestätte unterbringen
- Die demenzkranke Ehefrau in der Kurzzeitpflege unterbringen
- Freunde nach Hause einladen
- Mit Freunden abends telefonieren
- In Urlaub fahren, während die Ehefrau untergebracht ist
- Wieder eigenen Interessen nachgehen, wie z.B. Gartenarbeit
- Eine Haushaltshilfe organisieren
- Die demenzkranke Ehefrau in einem Pflegeheim unterbringen
- Mit der demenzkranken Frau gemeinsam in Urlaub oder Kur fahren

---

Darüber hinaus wird der Blick auch auf Stärken und Ressourcen der pflegenden Person bzw. des Pflegesystems gelenkt, die von den Angehörigen meist übersehen werden. Die besondere Beachtung der Ressourcen dient zum einen dazu, das Erleben der Angehörigen zu relativieren, die den Problemkomplex „häusliche Versorgung" häufig als unlösbar betrachten. Ressourcen erscheinen demgegenüber als Ausgleich für Probleme oder Schwächen. Ausserdem können sie bei zukünftigen Problemlöseversuchen herangezogen werden. Zum anderen kann es für die Angehörigen motivierend wirken zu sehen, dass sie selbst ja bereits über Möglichkeiten verfügen, mit Problemen umzugehen. Gerade diese Perspektive verlieren sie häufig angesichts der vielschichtigen Alltagsprobleme in der Versorgung eines demenzkranken Menschen. Daraus kann aber die Zuversicht entstehen, auch für andere Schwierigkeiten in der Pflege Lösungen zu finden.

10.3.5 Bewerten der Lösungsmöglichkeiten

In einem ersten Schritt werden alle Lösungsvorschläge aussortiert, die für die spezifische Situation des/der betreffenden Angehörigen offensichtlich nicht angemessen sind. Die verbliebenen Ideen werden nun in Hinblick auf mögliche längerfristige Folgen und Nebenwirkungen betrachtet, hierbei sind insbesondere dadurch entstehende familiäre Veränderungen zu beachten. In einem zweiten Schritt wird der/die Angehörige aufgefordert, absehbare Konsequenzen der Lösungsvorschläge als positiv oder negativ einzuschätzen. Übersichtlich werden diese Einschätzungen durch die Verwendung der *2-Spalten-Technik:* Der/die Angehörige schreibt in die erste Spalte alle Argumente für die entsprechende Lösung, in die zweite Spalte trägt er/sie alle Nachteile ein, die ihm/ihr einfallen. Abschließend werden die Vor- und Nachteile gegeneinander abgewogen und es wird eingeschätzt, wie wahrscheinlich das Eintreten der beschriebenen Nachteile ist. Schließlich wird auf Basis dieser Einschätzungen die Auswahl der besten Lösung oder einer Kombination aus den besten Lösungen getroffen.

10.3.6 Planung und Umsetzung der Lösungsmöglichkeiten

- *Planung*

Nun erfolgt die konkrete Planung der erarbeiteten Problemlösung. Es sollten möglichst konkrete Maßnahmen sein, die am besten in einzelne Teilschritte zerlegt werden und dann in eine sinnvolle und umsetzbare Abfolge gebracht werden. Wichtige Fragen für diesen Schritt sind z.B.:
- *Was ist zu tun?*
- *Welche Vorbereitungen müssen getroffen werden?*
- *Sind Hindernisse und Schwierigkeiten vorhersehbar?*

Für das Vorgehen in der Gruppe eignet sich hierfür wie auch bei der Lösungssuche das Brainstorming. Weiterhin können Rollenspiele oder *Vorstellungsübungen in sensu* (ein Durchlaufen der Lösung in der Vorstellung) das Verhalten und mögliche Konsequenzen verdeutlichen.

Als Ergebnis liegt ein schriftlicher Handlungsplan vor, wobei dieser nicht immer vollständig sein muss, da die Umsetzung von vorherigen Teilschritten abhängen kann. Im Handlungsplan werden die einzelnen Verhaltensschritte genau

Tabelle 6: Beispiel zur 2-Spalten-Technik

Lösungsvorschlag	PRO – Vorteile der Lösung	CONTRA – Nachteile der Lösung
Demenzkranke Ehefrau in einer Tagespflegeeinrichtung unterbringen	– Zeit für sich selbst – Zeit für Freunde – Mehr Energie für die Pflege – Risiko eigener Erkrankung einschränken	– Betreuung könnte unzureichend sein – Ehefrau fühlt sich nicht wohl und die Symptomatik verschlimmert sich daraufhin – Finanzielle Aufwendungen – Schuldgefühle
Freunde zu sich nach Hause einladen	– Verringerung der erlebten sozialen Isolation – Abwechslung, Freude – Emotionale Unterstützung	– Ehefrau reagiert mit Angst und Unruhe, weil sie die Freunde als Fremde erlebt – Freunde meiden weiteren Kontakt aufgrund der für sie zu belastenden Situation
Familienmitglieder um Hilfe bitten	– Mehr eigene Zeit – Möglicherweise engeren Kontakt zu den Söhnen	– Angst, die Söhne mit dem Ausmaß der Demenzsymptomatik zu konfrontieren

definiert und die Zeiten, wann die Person welche Aktivität einplant, in einen Wochenplan eingetragen. Der/die Angehörige nimmt sich nun vor, den Handlungsplan oder einzelne Schritte davon bis zur nächsten Sitzung umzusetzen. Falls die Umsetzung in der Realität als zu schwierig erscheint, können einzelne Verhaltensschritte vorab im Rollenspiel mit der Gruppe geübt werden.

Beispiel für ein Rollenspiel

Herr W. hat sich einen Termin gesetzt, an dem er mit seinen Kindern beraten will, wie es weitergehen soll. Er möchte sich auch um Hilfe durch einen ambulanten Dienst kümmern und wieder Kontakt zu einigen Freunden aufnehmen.

• *Umsetzung*

In der nächsten Sitzung werden, bevor ein neues Thema aufgegriffen wird, vorrangig die Erfahrungen des/der Angehörigen mit der Umsetzung neuer Verhaltensweisen erfragt.

Herr W. hat bereits einen ambulanten Dienst organisiert und berichtet über seine Erfahrungen. So habe er mit seiner freien Zeit gar nichts anzufangen gewusst. Er habe nicht abschalten können, obwohl er mit der Betreuung zufrieden gewesen sei. Schließlich sei er froh gewesen, wieder zu Hause bei seiner Frau sein zu können. Diese Erfahrung sei völlig überraschend für ihn und habe ihn sehr erschreckt.

An erster Stelle steht, dass die Gruppenleitung für *jeden* Umsetzungsversuch eine positive Rückmeldung gibt. Auch wenn das Ergebnis enttäuschend war, ist zumindest der Versuch einer Veränderung zu verstärken. Diese positive Verstärkung durch die Gruppenleitung soll den Angehörigen als Modell zur Selbstverstärkung dienen. Erlebte Misserfolge können wichtige Informationen aufzeigen, und im weiteren Problemlöseprozess ist nach den möglichen Ursachen dieser Schwierigkeiten zu fragen:

So wurde mit Herrn W. zum einen besprochen, welche Interessen ihm vor der Pflege Freude gemacht haben und wie er damals seine Freizeit verbracht habe. In diesem Zusammenhang wird ihm vermittelt, dass genießen und entspannen nach einer langen Zeit der Anspannung wieder neu gelernt werden müssen. Zum anderen wird durch die weitergeführte Problemanalyse deutlich, dass die Pflege für Herrn W. eine wesentliche Bedeutung als Sinngebung und Selbstwertstärkung darstellt. Die Versorgung der Ehefrau stellt für ihn, der mit der Situation als „untätiger Rentner" nicht zurechtkam, eine wichtige tagesfüllende Aufgabe dar. Die Abgabe von Pflegeaufgaben an den ambulanten Dienst erlebt er als Bedrohung seiner jetzigen Lebensaufgabe.

Das weitere therapeutische Vorgehen gliedert sich in diesem Falle in zwei Vorgehensweisen:
1. Wiederentdecken von Interessen, Genuss und Freizeitaktivitäten und
2. Bearbeiten des Themas „Übernahme der Pflege als neuer Lebenssinn".

Das erste Thema wird mittels des Problemlöseschemas bearbeitet: Entwickeln und Wiederentdecken von Interessen wie Gartenarbeit, soziale Kontakte, Schach spielen etc. und konkrete Umsetzung der ausgewählten Freizeitaktivitäten.

Herr W. berichtet in der nächsten Sitzung, dass er seit Monaten wieder in seinem Garten gewesen sei und erst einmal versucht habe, wieder Ordnung zu schaffen. Er habe gar nicht gemerkt, wie die Zeit verstrichen sei und habe sich nach der anstrengenden Arbeit an der frischen Luft erschöpft, aber auch wohltuend entspannt gefühlt. Mittlerweile gehe er regelmäßig (in der Zeit, in der seine Ehefrau von

---

Auszug aus einem Wochenplan/erste Lösungsschritte für Herrn W.:

MO	DI	DO
	Während des Mittagsschlafes der Ehefrau: Erkundigungen bezüglich ambulanter Dienste (Kosten, Zeiten)	
Am Abend: Telefonat mit den Söhnen und Vereinbarung eines Treffens		Am Abend: Telefonat mit Freunden, evtl. Vereinbarung eines Treffens

einem ambulanten Dienst versorgt wird) mit Freude in den Garten. Er habe verabredet, mit seinen Söhnen und seiner Ehefrau am Wochenende gemeinsam im Garten zu grillen.

Das zweite Thema – auch anderen Personen Pflegeaufgaben überlassen zu können, ohne im eigenen Selbstwert angegriffen zu werden – wird mittels kognitiver Therapie bearbeitet (siehe Kapitel 10.4 „Kognitives Umstrukturieren").

10.3.7 Therapeutische Interventionen im Spannungsfeld zwischen den Belastungsgrenzen der Angehörigen und der Pflege des Erkrankten

Nicht in jedem Falle sind alle möglichen Folgen aus einer Entscheidung für eine bestimmte Lösung sicher vorherzubestimmen. In der Versorgung eines demenzkranken Menschen sind dessen Reaktionen und die Entwicklung der dementiellen Symptomatik kaum eindeutig vorherzusehen. Dagegen spricht die Komplexität des dementiellen Krankheitsprozesses, der neben der hirnorganischen Erkrankung von einer Vielzahl innerer und äußerer Faktoren mitbestimmt wird (siehe Kapitel 2 „Demenz: Epidemiologie, diagnostische Kriterien, Differentialdiagnostik, Symptomatik und Verlauf"). Dies hat zur Folge, dass Lösungsschritte und Versorgungsweisen in der familiären Pflege, die in der strukturierten Erarbeitung von Problemlöseschritten als sinnvoll erachtet werden, auch negative Auswirkungen für die/den Erkrankte/n haben können. Insbesondere wenn damit eine Verschlechterung des Krankheitsprozesses verbunden ist, reagieren pflegende Angehörige meist mit erheblichen Schuldgefühlen und stellen den Nutzen des gesamten therapeutischen Prozesses in Frage.

Im weiteren Gruppenverlauf entscheidet Herr W. schließlich, sich seinen langgehegten Wunsch nach einem Urlaub ohne seine Frau zu erfüllen. Diesem Entschluss geht eine mehrwöchige Auseinandersetzung mit dem inneren Konflikt voraus, ob er seine Bedürfnisse vor die Versorgung seiner Ehefrau setzen dürfe. Die Gruppenmitglieder bestärken ihn darin unter anderem mit dem Argument, dass er nach einer Zeit der Erholung auch wieder die notwendige Kraft finden würde, seinem Anspruch nach einer intensiven Versorgung seiner Ehefrau gerecht zu werden. Während des vierwöchigen Urlaubs wird die

Ehefrau in einem Pflegeheim versorgt, da die berufstätigen Kinder dies nicht über einen längeren Zeitraum regelmäßig leisten könnten. Als Herr W. nach dem Urlaub seine Frau aus dem Pflegeheim abholen will, findet er sie in einer deutlich verschlechterten körperlichen und geistigen Verfassung vor, die teilweise auf eine unzureichende und für Demenzkranke nicht angemessene Pflege zurückzuführen ist. Frau W. ist inkontinent, erkennt ihren Mann nicht mehr, ist in ihrer Sprachfähigkeit stärker eingeschränkt als zuvor, leidet unter Dekubitusgeschwüren und hat einen erheblichen Gewichtsverlust erlitten. Trotz der dadurch schwieriger gewordenen Pflege nimmt Herr W. die weitere Versorgung zu Hause wieder auf, wo Frau W. nach wenigen Wochen verstirbt. Herr W. fühlt sich hierfür verantwortlich, da er sich nicht kontinuierlich um seine Frau gekümmert habe. Dies führt ihn in eine psychische Krise und er besucht für mehrere Wochen auch die Angehörigengruppe nicht mehr.

Die hier geschilderte Situation ist in der Arbeit mit pflegenden Angehörigen nicht selten. Veränderungen in den Umständen, die zunächst auf eine Entlastung der Angehörigen abzielen, tragen in manchen Fällen das Risiko einer Verschlechterung des gesundheitlichen Zustandes der Erkrankten in sich, die auf neue Anforderungen äußerst sensibel reagieren können. Es ist dabei selten genau zu klären, ob die erlebte Verschlechterung nicht ohnehin eingetreten wäre, da eine primäre Demenz immer einen progressiven Verlauf aufweist. Auch wenn in dem hier geschilderten Beispiel die Verschlechterung des Gesundheitszustandes zum Teil sicherlich auf Pflegefehler zurückzuführen war (so erlitt Frau W. eine Dehydration, da sie nicht selbstständig trinken konnte und die notwendige Hilfe nicht erhielt; aufgrund der vorgenommenen Katheterisierung im Pflegeheim trat eine irreversible Inkontinenz ein; die mangelnde Aktivierung und Ansprache beschleunigte den zunehmenden Verlust der Sprachfähigkeit und der Orientierung), so zeichnete sich bereits vorher ein weiterer Abbau ab. Dieser wurde durch die äußerst intensive Zuwendung und Versorgung durch den Ehemann verlangsamt, hätte aber dennoch langfristig nicht aufgehalten werden können.

In der Gruppenarbeit können solche Überlegungen herangezogen werden, um die Erschütterung der gesamten Gruppe zu mildern, die durch diese negativen Auswirkungen der therapeutischen Intervention ausgelöst werden kann und die das

Vertrauen in das therapeutische Konzept der Gruppenarbeit (bzw. in die GruppenleiterInnen) in Frage stellen kann. Die genaue rückblickende Betrachtung der Symptomatik und die sachliche Erklärung des unaufhaltsamen Abbaus erleichtern die (rationale) Entlastung von dem Gefühl, verantwortlich für die Verschlechterungen zu sein. Hier ist der psychoedukative Beratungsansatz von hoher Bedeutung (siehe Kapitel 10.2 „Information und Wissensvermittlung").

Allerdings lässt sich damit nicht die gesamte Problematik auffangen, da die eintretenden Schuldgefühle sowie die Verunsicherungen der gesamten Gruppe auch Ausdruck der emotionalen Beteiligung (nicht nur der rationalen Betrachtung) an der Versorgungssituation sind. In Fällen wie dem geschilderten Beispiel kommt insbesondere die Problematik der Beziehungsdynamik zwischen pflegenden Angehörigen und Demenzkranken zum Tragen (siehe Kapitel 3 „Demenz als Familienkrankheit").

In diesem Zusammenhang wird deutlich, wie wichtig die Gewinnung innerer Reife in der Beziehung zu einem demenzkranken Angehörigen ist, um eine adäquate Versorgung leisten zu können, ohne die Aufmerksamkeit für das eigene Befinden und die eigenen Bedürfnisse zu verlieren.

Nach dem Tod seiner Ehefrau kam Herr W. nach einigen Wochen wieder in die Gruppe zurück, da er deren emotionalen Rückhalt auch weiterhin benötigte. Im weiteren Gruppenverlauf wurde seine Entscheidung deshalb nochmals intensiv von allen Gruppenmitgliedern reflektiert. Dabei gewannen die GruppenteilnehmerInnen und insbesondere Herr W. zunehmend die Einsicht, dass der gewählte Lösungsversuch, zur eigenen Entlastung in Urlaub zu gehen, aufgrund der besonders schwierigen Pflege der schwer dementen Ehefrau gerechtfertigt gewesen sei. Ohne diesen Entlastungsversuch hätte Herr W. die Versorgung aus eigener Kraft nicht mehr aufrechterhalten können. Die eingetretenen dramatischen Verschlechterungen konnten zum Zeitpunkt der Entscheidung in diesem Ausmaß nicht abgesehen werden (v.a. da sie zum Teil auch auf Pflegefehler zurückzuführen waren), so dass Herr W. keine verantwortungslose Entscheidung getroffen, sondern nach Abwägen aller Aspekte und mit Unterstützung der Gruppe vernünftig gehandelt habe. Die Erfahrungen mit der inadäquaten Versorgung im Pflegeheim machten deutlich, dass für die Umsetzung ähnlicher Entscheidungen in Zukunft eine stärkere Vorbereitung einer vorübergehenden stationären Pflege notwendig sei (beispielsweise durch die probeweise Inanspruchnahme von Kurzzeitpflegeeinrichtungen über kurze Zeit; durch intensive Vorgespräche mit der Pflegedienstleitung über die besonderen Bedürfnisse der demenzkranken Person). Große Entlastung erfuhr Herr W. schließlich dadurch, dass er gemeinsam mit den anderen Gruppenmitgliedern nochmals ausführlich Rückblick auf die von ihm geleistete Versorgung seiner Ehefrau hielt und darin bestärkt wurde, alles geleistet zu haben, was nach seinen Kräften maximal möglich war.

Solche Ereignisse müssen deshalb im Gruppenprozess intensiv aufgegriffen werden. Sie zeigen, dass in der Versorgung demenzkranker Menschen immer wieder die Spannung zwischen der notwendigen Erfüllung eigener Bedürfnisse und denen des demenzkranken Familienmitgliedes auszuhalten ist. Die Gewinnung und Akzeptanz der Einsicht oder des inneren Empfindens, dass es hier bisweilen keine insgesamt befriedigenden Lösungen gibt, stellt auch eine wichtige Zielsetzung der therapeutischen Gruppenarbeit dar. Deshalb sind weiterführend Ansätze der kognitiven Umstrukturierung im Hinblick auf die Ansprüche an die eigenen Versorgungs- und Pflegeleistungen sinnvoll, wenn es im Verlauf der Gruppenarbeit zu negativen Folgen von Problemlösungen für den/die Erkrankte/n kommt (siehe Kapitel 10.4 „Kognitives Umstrukturieren").

Arbeitsblatt Nr. 22

Probleme lösen

1. Um welches Problem geht es?

(Über das Problem sprechen, aktiv zuhören, nachfragen, Meinung aller hören, zum Schluss aufschreiben, um welches Problem es sich handelt.)

_____

_____

_____

2. Lösungsmöglichkeiten aufschreiben

(alle Vorschläge ohne Bewertung notieren)

1. _____

2. _____

3. _____

4. _____

5. _____

6. _____

3. Lösungsmöglichkeiten diskutieren

(Jeder Vorschlag wird hinsichtlich seiner Vor- und Nachteile diskutiert)

4. Beste Lösungsmöglichkeit(en) auswählen

_____

_____

5. Überlegen, wie die beste Lösungsmöglichkeit in die Tat umgesetzt werden kann

1. Schritt _____

2. Schritt _____

3. Schritt _____

4. Schritt _____

6. Überprüfen, ob die Schritte umgesetzt werden konnten. Jeder Versuch ist ein Lob wert.

Aus: Wilz, Adler, Gunzelmann: Gruppenarbeit mit Angehörigen von Demenzkranken, © Hogrefe-Verlag, Göttingen (2001).

10.4 Kognitives Umstrukturieren

Eine Verbesserung der Befindlichkeit durch kognitives Umstrukturieren erfolgt durch zwei grundlegende Prinzipien: 1. Das Erkennen von dysfunktionalen/krankmachenden Gedanken und 2. Die Entwicklung von alternativen gesundheitsfördernden Gedanken. Im folgenden wird erläutert, bei welchen Themen und spezifischen Problemsituationen der Angehörigen die Anwendung des „Kognitiven Umstrukturierens" sinnvoll ist und es werden verschiedene Verfahren der kognitiven Umstrukturierung vorgestellt.

10.4.1 Einführung

Der Grundgedanke der kognitiven Therapie besteht in der Annahme, dass die Befindlichkeit und Stimmung einer Person durch deren Gedanken und Bewertungen von Ereignissen bestimmt wird. Auf der Basis dieser Grundannahme „Denken verändert und beeinflusst die Stimmung" wurden verschiedene Methoden der kognitiven Therapie konzipiert. Die beschriebenen therapeutischen Interventionen beruhen auf den Konzepten von Beck et al. (1981) „Modifikation dysfunktionaler Gedanken", Ellis (1977) „Rational-emotive Therapie (ABC-Modell)" und Meichenbaum (1977) „Selbstinstruktionstraining".

Durch Methoden der kognitiven Umstrukturierung lernen die Angehörigen, spezifische negative Gedanken zu kontrollieren und zu verändern. Ziel ist insbesondere die Modifikation belastungsinduzierender Annahmen bezüglich des Verhaltens des Demenzkranken. Bei pflegenden Angehörigen sind häufig typische Fehlannahmen (in der kognitiven Therapie als dysfunktionale Gedanken bezeichnet) zu finden. So interpretieren pflegende Angehörige das Verhalten ihres demenzkranken Ehepartners oder Elternteils häufig als Ausdruck von Misstrauen oder gar Boshaftigkeit und feindseliger Aggression. Tatsächlich lösen aber häufig Kritik, Vorwürfe oder auch Korrekturen von Fehlverhalten des/der Demenzkranken durch die Angehörigen Verhaltensauffälligkeiten bzw. aggressives Verhalten erst aus oder verstärken dieses. Mit zunehmendem Wissen über den Verlauf und die Symptomatik der Krankheit können die Angehörigen negative Bewertungen verändern und dadurch konfliktreiche Aufschaukelungsprozesse verhindern.

Beispiel

Frau M. (76 Jahre) leidet unter dem mürrischen Verhalten ihres demenzkranken Ehemannes. So versucht sie immer wieder ihn aufzuheitern, worauf er jedoch mit weiterer Stimmungsverschlechterung bis hin zu Aggression reagiert. „Ich habe sehr gründlich darüber nachgedacht, wie sich die Situation zum Guten wenden könnte: Welcher Umstand bringt ihn in Wut und was ist die Ursache der plötzlichen Friedfertigkeit? Ich muss mir immer wieder sagen, dass mein Mann ein kranker Mensch ist. Ich erwarte und verlange von ihm normales Verhalten. Er kann das nicht! Ich habe mir gesagt, du musst dich besser auf ihn einstellen, denn er ist ja krank."

Ein weiterer für Angehörige typischer dysfunktionaler Gedanke ist die Annahme, an niemand anderen auch nur zeitweise die Pflege abgeben zu können. Die Angehörigen befürchten, dass in dieser Zeit Fehler im Umgang mit den Demenzkranken auftreten könnten und die Symptomatik dadurch nachhaltig verschlechtert werden könnte. Damit im Zusammenhang entstehende Schuldgefühle und Vorwürfe werden schon in der Phantasie antizipiert und verhindern das Suchen und Annehmen von Unterstützung.

10.4.2 Veränderung dysfunktionaler Gedanken

Die im Folgenden beschriebenen Interventionen verdeutlichen den Angehörigen, in welchen Situationen sie das Verhalten des Demenzkranken dysfunktional interpretieren (nämlich als persönlichen Angriff und nicht als Krankheitssymptom). In weiteren therapeutischen Schritten werden die Angehörigen angeleitet, alternative, angemessenere Interpretationen zu finden.
In einem ersten Schritt werden die dysfunktionalen Gedanken analysiert. Dazu eignet sich folgendes Vorgehen: Die Angehörigen werden aufgefordert, sich die problematische Situation möglichst konkret und plastisch vorzustellen. Es wird betont, dass alle Gefühle und Gedanken, die ihnen dabei durch den Kopf gehen, aufmerksam zu beachten sind. Hierfür sollten ca. 4 Minuten eingeräumt und die Angehörigen darauf hingewiesen werden, dass diese Vorstellungsübung mit geschlossenen Augen besser funktioniert. Im Anschluss werden

die Gedanken und Empfindungen exploriert und schriftlich festgehalten (Wandtafel). Im folgenden wird überprüft, ob die beschriebenen Interpretationen angemessene und realistische Annahmen darstellen. Hierfür eignet sich die beispielhaft dargestellte Spaltentechnik:

- *Beispiel für die Interpretation von Verhaltensauffälligkeiten*

Situation/Ereignis
Frau A. (60 Jahre): Mein Ehemann hat mich beschuldigt, dass ich ihn bestohlen habe. Er könne seine Brieftasche nicht mehr finden.

Interpretation
Er hat kein Vertrauen mehr zu mir, er lehnt mich ab, obwohl ich mich so sehr um ihn kümmere.

Logischer Fehler
Misstrauen ist in den meisten Fällen eine Folge der Gedächtnis- und Denkstörungen, das unabhängig vom früheren und aktuellen Beziehungserleben auftreten kann.

So wird in einem ersten Schritt den Angehörigen vermittelt, dass die beschriebenen Reaktionen der Demenzkranken krankheitsbedingter Teil der Symptomatik sind und sich im weiteren Krankheitsverlauf möglicherweise wieder ändern können. Im nächsten Schritt werden alternative Gedanken erarbeitet und deren Konsequenzen auf die Befindlichkeit erörtert. Für die Erarbeitung alternativer/positiver Gedanken eignet sich die Frage: „Was hätte ich auch denken können? Gibt es andere Möglichkeiten der Interpretation?"

- *Beispiel für alternative Gedanken und deren emotionale Konsequenzen*

Alternativer Gedanke
Frau R. (58 Jahre): Er macht es nicht absichtlich. Er kann nichts dafür, er kann sein Verhalten nicht mehr steuern. Es gehört zum Krankheitsbild und ich versuche, mich nicht mehr persönlich angegriffen zu fühlen.

Konsequenzen
Ich bin nicht mehr gekränkt. Die Atmosphäre ist insgesamt entspannter, dadurch geht es meinem Ehemann auch besser. Er spürt die emotionale Veränderung.

Die Angehörigen werden somit motiviert, alltägliche Ärgernisse auch zukünftig nicht als boshaft, sondern alternativ als krankheitsbedingte „Fehlhandlungen" der Demenzkranken zu betrachten. In der nächsten Sitzung werden die Erfahrungen aus der Gruppe reflektiert und die TeilnehmerInnen erneut zur Selbstregulation und damit zur Prävention von Stress/Ärger angeregt.

Beispiel
Frau M. (76 Jahre): „Ich habe immer gezweifelt: Ist es Bosheit oder Wahn? Aber das ist wirklich Wahn." „Ich habe gedacht, dass ich leider an den Stimmungen meines Mannes nichts ändern kann." „Ich tröste mich immer damit: Mein Gott, er ist doch krank."

- *Beispiel zur Achtsamkeit auf eigene Bedürfnisse*

Häufig gestehen sich pflegende Angehörige nicht zu, sich Zeit für sich selbst zu nehmen, etwas ohne den Demenzkranken zu unternehmen und sich zu erholen. Dies kann verschiedene Gründe haben. In einem ersten Schritt sollten die Hintergründe für dieses Verhalten betrachtet werden. Oft „verbieten" dysfunktionale Gedanken den Angehörigen, mehr auf ihre eigenen Bedürfnisse zu achten bzw. diese überhaupt wahrzunehmen. Nachdem diese dysfunktionalen Annahmen herausgearbeitet worden sind, werden in den nächsten therapeutischen Schritten die Konsequenzen erarbeitet und schließlich versucht, alternative Gedanken zu finden. Am Beispiel des Themas „Übernahme der Pflege als neuen Lebenssinn" von Herrn W., 68 Jahre (siehe Kapitel 10.3 „Problemlösekonzept") soll das Vorgehen kurz umrissen werden:

Herr W. gesteht sich nicht zu, seine Frau stundenweise von anderen Personen betreuen zu lassen, weil er die Pflege als seine eigene Aufgabe betrachtet. Im Gespräch wird deutlich, dass er Angst vor der freien Zeit hat und befürchtet, diese nicht nutzen zu können und sich zu langweilen. Neben der in Kapitel 10.3 „Problemlösekonzept" beschriebenen Intervention, wieder Interessen für seine Freizeit zu entwickeln, wird an dieser Stelle das therapeutische Vorgehen in Bezug auf die dysfunktionalen Gedanken von Herrn W. erläutert.

In einem ersten Schritt werden die irrationalen Gedanken festgehalten und deren Konsequenzen aufgeschrieben:

Dysfunktionaler Gedanke (Herr W., 68 Jahre)
Wenn ich anderen die Pflege überlasse, mache ich mich selbst überflüssig. Dies wäre der Beweis dafür, dass ich nicht wirklich gebraucht werde. Die Pflege ist meine Aufgabe, da darf ich mir keine Zeit für mich selbst nehmen.
Konsequenzen (Herr W., 68 Jahre)
Ich fühle mich ständig überfordert. Mein Befinden und meine Gesundheit verschlechtern sich immer mehr. Ich werde möglicherweise ungeduldig gegenüber meiner Frau und habe nicht mehr die Kraft sie aufzuheitern oder positiv auf sie zu wirken.

Im nächsten Schritt werden alternative Gedanken entwickelt und deren Konsequenzen betrachtet:

Alternativer Gedanke (Herr W., 68 Jahre)
Es steht mir zu, hin und wieder an mich zu denken und Zeit für mich zu haben. Ich muss auch an meine Gesundheit denken, sonst kann ich die Pflege vielleicht gar nicht mehr lange leisten. Auch für meine Frau ist es mal eine Abwechslung, stundenweise von jemand anderem betreut zu werden.
Konsequenzen (Herr W., 68 Jahre)
Ich bin ausgeruhter und kann mich mit neuer Energie und Ausgeglichenheit meiner Frau widmen. Ich fühle mich gesundheitlich und psychisch besser. Vielleicht hat dies auch positive Konsequenzen für meine Frau, sie spürt mein besseres Befinden und hat Anregung durch andere Personen, die sie ab und zu betreuen.

Herr W. wird nun motiviert, die dysfunktionalen Gedanken immer mehr in den Hintergrund treten zu lassen und durch die alternativen Gedanken zu ersetzen (inneres oder auch lautes Vorsprechen). Die Organisation einer Betreuung und Gestaltung der Freizeit ist im Kapitel 10.3 „Problemlösekonzept" beschrieben.

10.4.3 Einfluss bewertender Gedanken auf die emotionale Befindlichkeit und das Belastungserleben

Mittels des ABC-Modells (Ellis, 1977) wird den Angehörigen der *Einfluss bewertender Gedanken* auf ihre emotionale Befindlichkeit und ihr Belastungserleben verdeutlicht. Grundgedanke des Verfahrens ist, dass die Art der Bewertung eines Ereignisses (welche Gedanken damit verbunden werden) die Gefühlslage bestimmt.

Darstellung des ABC-Schemas
A: Aktivierendes Ereignis/Auslöser für negative Gefühle
B: Bewertung des Ereignisses (Gedanken, Selbstgespräche, innere Sätze)
C: Emotionale Konsequenzen (Stimmung, psychisches Befinden)

Am Thema „Schamgefühl bei auffälligem Verhalten des Demenzkranken in öffentlichen Situationen" (z.B. gemeinsamer Restaurantbesuch) kann das ABC-Modell beispielhaft erläutert werden. Die Gruppenmitglieder werden aufgefordert, ihre Erfahrungen mit auffälligem Verhalten der Demenzkranken in der Öffentlichkeit mitzuteilen:

Beispiel
Frau A. hat bisher nicht gewagt, mit ihrem Mann essen zu gehen; sie fürchtet die peinliche Situation. Frau M. geht mit ihrem Mann essen, sucht sich dann aber lieber einen eher versteckten Tisch. Herr O. vertritt die Position, man könne es den anderen Gästen nicht zumuten, sie könnten sich gestört fühlen. Man sollte sich zumindest an einen separaten Tisch setzen.

Nach der Beschreibung der Ereignisse (inklusive Gedanken und Gefühle) werden die Bewertungen der Ereignisse und deren Einfluss auf die Stimmung herausgearbeitet und übersichtlich in Tabellenform notiert:

Auslösendes Ereignis
Der demenzkranke Ehemann könnte im Restaurant unruhig sein und immer wieder vom Tisch aufspringen und durch den Raum gehen.
Bewertung
Alle anderen Gäste fühlen sich gestört. Sie werden denken, ob man nicht besser zu Hause bleibt, wenn man so unruhig ist. Es entsteht eine feindselige oder peinliche Stimmung im Restaurant.
Gefühl
Gefühl der Unsicherheit und der Scham. Die Situation wäre sehr peinlich und kein Genuss mehr, sondern eher eine große Anspannung.

Zum Schluss werden alternative Bewertungen erarbeitet. Die Angehörigen können somit erfahren, welche Veränderungen alternative Gedanken für das weitere eigene Verhalten und Empfinden bewirken können:

Alternativer Gedanke
Es könnte auch sein, dass sich die anderen Gäste gar nicht für das Verhalten des Demenzkranken interessieren und dass es niemanden stört. Vielleicht reagieren die Gäste auch verständnisvoll und sprechen mit dem Demenzkranken. Es ist nicht schlimm, wenn er ab und zu durch den Raum läuft.
Konsequenzen
Die Situation ist entspannt. Das Essen kann mit Gelassenheit und in Ruhe verspeist werden. Man kommt mal wieder heraus aus den vier Wänden und fühlt sich nicht so isoliert und eingesperrt.

Als „Hausaufgabe" werden die Angehörigen bis zur nächsten Sitzung aufgefordert, sich selbst in schwierigen Situationen wie mit einem „dritten Ohr" zuzuhören und das Ereignis wie auch die begleitenden Gefühle und Gedanken zu protokollieren (siehe Arbeitsblatt Nr. 23: „Tagesprotokoll zur Selbstbeobachtung negativer Gedanken", S. 104).

In der nächsten Gruppenstunde werden die Erfahrungen mit dem ABC-Modell besprochen und möglicherweise aufgetretene Probleme oder Fragen geklärt.

Beispiel
Herr T. (71 Jahre) berichtet, dass er viel über das in der Stunde vermittelte „ABC-Modell" nachgedacht und erkannt habe, dass seine eigenen Reaktionen abhängig von seinen Bewertungen der jeweiligen Belastungssituation sind. Diese Erkenntnis habe sich positiv auf sein Verhalten und die Beziehung zu seiner Frau ausgewirkt. Mittlerweile habe er einen gelasseneren Umgang mit dem „auffälligen Verhalten" seiner Frau. Er spreche Personen in der Situation sogar darauf an, insbesondere wenn er den Eindruck habe, dass sie sich durch das Verhalten seiner Frau gestört fühlen oder verständnislos zeigen.

10.4.4 Bewältigung von Problemsituationen mittels positiver Selbstinstruktionen

Die Angehörigen lernen durch dieses Verfahren, dass sie mit Hilfe positiver Selbstinstruktionen bestimmte Problemsituationen besser bewältigen und sich dadurch den Pflegealltag erleichtern können. Wie auch in den vorher beschriebenen Methoden geht es in einem ersten Schritt darum, unangemessene Selbstverbalisationen (innere Monologe) zu identifizieren und deren negative Auswirkungen auf das Wohlbefinden zu erkennen. In einem zweiten Schritt werden dann alternative, positive Selbstinstruktionen entwickelt und versucht, diese im Alltag anzuwenden.

Beispiele für positive Selbstinstruktionen, die Angehörige in der Gruppensitzung entwickelten, gibt die folgende Übersicht:

– Ich habe Angst vor den kommenden Zeiten, aber ich tröste mich selbst – *ich werde es schaffen.*
– Es war ein ganz fauler Tag; ich habe gedacht, dass auch solche faulen Tage gut sind. Ich habe gedacht, das musst du öfters machen.
– Ich bin aber keine Maschine – auch ich benötige eine Pause.
– Man muss das Leben nehmen, wie es ist und das Beste daraus machen.
– Ich habe aber das Bedürfnis abzuschalten und so dachte ich, es geht nicht anders. Ich muss auch mal an mich denken.
– Ich habe trotz der Unruhe das Gefühl der Sicherheit gehabt – ich schaffe es.
– Ich bin erschöpft, aber auch froh, dass ich alles gepackt habe.
– Dann sage ich mir, bleib schön ruhig, bleib bloß ruhig, denn je flippiger du wirst, umso verrückter reagiert er. Da muss man sich dann selber wirklich zur Ordnung rufen.

In diesem Kapitel wurden Anwendungsmöglichkeiten kognitiver Verfahren für die Gruppenarbeit mit Angehörigen umrissen. Weitere vertiefende Erläuterungen der beschriebenen kognitiven Strategien finden sich beispielsweise in den Lehrbüchern von Fliegel (1994), Margraf (1996) und Hautzinger et al. (1989).

Arbeitsblatt Nr. 23

Tagesprotokoll zur Selbstbeobachtung negativer Gedanken			
Datum	Situationsbeschreibung	Bewertung (Automatische Gedanken)	Gefühle

10.5 Familiensystemischer Ansatz

Familiensystemische Modelle helfen uns, die Vorgänge in Familien mit einem Familienmitglied, das an einer Demenz erkrankt ist, zu verstehen. Auf der Grundlage einer Sichtweise von „Demenz als Familienkrankheit" bietet sich der familientherapeutische Ansatz bei der therapeutischen Arbeit mit Angehörigen von Demenzkranken an.

Die Familientherapie fragt weniger nach Ätiologie und Nosologie einer Krankheit, sondern betrachtet den/die Kranken in seinem/ihrem Bezugssystem und stellt damit die Beziehungen in das Zentrum der therapeutischen Bemühungen. Es wird stets die Familie und das gesamte soziale Netzwerk in die Betrachtung einbezogen und nicht so stark auf individuelle Aspekte fokussiert (Johannsen 1994, v. Schlippe 1995). „Systemisches Denken berücksichtigt die Regeln und die wechselseitigen Reaktionen der Systemmitglieder, die das komplexe Gefüge von Individuen bestimmen" (Bayer-Feldmann & Greifenhagen 1995, S. 3).

In der Gruppenarbeit mit Angehörigen Demenzkranker werden dabei weniger spezifische Methoden der Familientherapie eingesetzt. Vielmehr orientieren sich die TherapeutInnen an Grundprinzipien der Familientherapie und setzen im therapeutischen Vorgehen eine bestimmte Haltung um.

10.5.1 Demenzerkrankung als untypische Belastung für eine Familie – Belastungen und Ressourcen

Die plötzliche Erkrankung eines Familienmitgliedes gehört zu den untypischen Belastungen für eine Familie (im Gegensatz zu typischen Belastungen wie z.B. die Geburt eines Kindes, Tod eines älteren Familienmitgliedes). Dies trifft (trotz der zunehmenden Häufigkeit) auch für den Fall der Erkrankung eines Familienmitgliedes an einer Demenz zu. Familien, die bereits unter anderen Belastungen leiden, „brechen" bei untypischen Belastungen eher „zusammen". Wichtig ist dabei das Verhältnis von Belastungen und Ressourcen, über die die Familie verfügt. Ob die zusätzliche Belastung durch das Auftreten einer dementiellen Erkrankung bei einem Familienmitglied zu einer Gefährdung für das System wird, hängt von weiteren Faktoren ab. Auf Seiten der Hauptpflegeperson(en) haben z.B. deren Persönlichkeitsfaktoren, die körperliche und psychische Gesundheit, die finanzielle Situation und Bewältigungsstrategien eine moderierende Funktion. Die Belastung erhöht sich auch, wenn Kritik an der Hauptpflegeperson geübt wird (Shields, 1992).

Beispiel

Die Schwiegermutter wirft Frau P. (42 J.) vor, dass sie in Urlaub fahren und ihren an Alzheimer erkrankten Mann in dieser Zeit in ein Pflegeheim geben will. Obwohl sie sich von ihrem Mann trennen wollte, hat Frau P. die Pflege übernommen, als die Diagnose vor 6 Jahren gestellt wurde. Frau P. fühlt sich durch die Vorhaltungen verletzt. Sie ist zugleich verärgert, da die Schwiegermutter ihre Leistungen in der Versorgung ihres Mannes nicht anerkenne. Für die Schwiegermutter sei es eine Selbstverständlichkeit, dass eine Frau sich um ihren kranken Mann kümmern müsse.

Pflegende Angehörige sind Teil eines umfassenden Systems, das durch die dementielle Erkrankung eines Mitglieds tiefgreifend verändert wird. Die therapeutische Arbeit mit Angehörigen geschieht stets im Kontext dieses Systems, in dem der/die ratsuchende Angehörige in einem allgemeinen Sinne vor der Anforderung steht, Veränderungen des Systems zu bewältigen, die aufgrund der dementiellen Erkrankung eines Mitglieds eingetreten sind und an deren Verarbeitung das erkrankte Mitglied aufgrund der kognitiven Einschränkungen nicht mehr adäquat mitwirken kann.

Sie suchen therapeutische Hilfe (z.B. in einer Angehörigenberatung) häufig erst, wenn die eigenen Ressourcen und die der Familie erschöpft sind. Eine krisenhafte Situation im Rahmen der Pflege eines demenzkranken älteren Menschen kann dann entstehen, wenn sich das Familiensystem nicht adäquat auf die Veränderungen einstellen kann. Deshalb begegnet man als TherapeutIn vielen Angehörigen mit massiven Problemen im Umgang mit dem/der Kranken, mit deutlichen psychischen und psychosomatischen Symptomen, mit intrapsychischen Konflikten und/oder Konflikten im Familiensystem. Diese gesundheitlichen und psychosozialen Probleme können als Folge wenig gelungener oder gescheiterter Versuche der Anpassung an die Veränderungen des Versorgungssystems verstanden werden.

Bei Angehörigen dagegen, die nicht überfordert sind, ausreichend soziale Unterstützung erleben und die flexibel auf die Veränderungen reagieren können, sind ein oder zwei beratende Gespräche oft bereits ausreichend, in denen Informationen über das Krankheitsbild, den Verlauf, Grundregeln für den Umgang, Literaturhinweise, Informationen über rechtliche, medizinische Fragen und mögliche Hilfen zur Entlastung gegeben werden. Diese Angehörigen benötigen in der Regel nicht die Unterstützung durch eine Angehörigengruppe.

10.5.2 Ziele familientherapeutischer Intervention

In der Gruppentherapie mit Angehörigen demenzkranker Menschen wird zunächst eher unterstützend als konfliktaufdeckend gearbeitet. „Eigene Ansprüche hindern manche Therapeuten daran, therapeutische Interventionen, die von den Familien als entlastend und stützend erlebt werden, auch als etwas Wertvolles zu verstehen. Gerade Familien, in denen ein Mitglied eine chronische oder zum Tode führende Krankheit hat, sehen es als eine große Hilfe an, wenn ihnen bei der Bewältigung der hiermit verbundenen Belastungen geholfen wird." (Möhring & Neraal, 1996, S. 22).

Dies ist vor allem in den ersten Sitzungen wichtig, da die meisten Angehörigen hochbelastet sind und durch ein zu frühes Fokussieren auf konfliktreiche Themen die Gefahr von Behandlungsabbrüchen hoch wäre (Schwerd, 1996). Allerdings ermöglicht der familientherapeutische Zugang durchaus das Erörtern tiefer liegender Beziehungsprobleme wie Ambivalenz gegenüber dem Kranken, aggressive Gefühle, Umgang mit Sexualität (Bayer-Feldmann & Greifenhagen, 1995). Dabei kann der/die TherapeutIn als „Advocatus diaboli" fungieren, indem er/sie nicht oder nur schwer artikulierbare Ängste und Bedenken aller Betroffenen benennt und es den Angehörigen damit erleichtert, über die abgewehrten Gefühle zu reden.

Ziele des familientherapeutischen Vorgehens sind dabei u. a. (nach Bayer-Feldmann & Greifenhagen, 1995):
– Bedeutung der Erkrankung für die Interaktionspartner klären
– spezifische Reaktionen einzelner Bezugspersonen auf die Erkrankung erfragen
– den Blick auf ein erweitertes Helfersystem richten, z.B. indem die Beteiligung aller Familienmitglieder an der Pflege gefördert wird

– das Verhältnis von Nähe und Distanz in der Pflege thematisieren
– Machtkonstellationen in der Pflegebeziehung, die eine emotionale Annäherung der Interaktionspartner behindern, aufzeigen
– den Pflegealltag hinsichtlich der Bedürfnisse der Beteiligten neu betrachten und neu organisieren
– konfliktträchtige Beziehungen und Verhaltensmuster entdecken, bearbeiten und verändern, um z.B. innerfamiliäre Konflikte zu entschärfen, die die Hauptpflegeperson zusätzlich belasten
– Alternativen aufzeigen und die Entscheidung an die Familie zurückgeben.

10.5.3 Anwendung familientherapeutischer Prinzipien in der Angehörigenarbeit

• *Der Therapeut/die Therapeutin*
Bei der Anwendung familientherapeutischer Prinzipien in der Angehörigenarbeit spielen spezifische Interventionstechniken der Familientherapie eine eher untergeordnete Rolle. Vielmehr werden therapeutische Haltungen eingebracht und Grundprinzipien der Familientherapie umgesetzt (s.u.). V. Schlippe (1995, S.80) bezeichnet sogar „die Persönlichkeit des Therapeuten" als „sein wichtigstes und wertvollstes Instrument".

Aus diesem Grund ist Selbsterfahrung von FamilentherapeutInnen von besonderer Bedeutung. Ich muss mich selbst gut kennen, meine Sozialisation, meine Stellung in der Familie, meine Bilder, meine Einstellungen, mein Fühlen, Denken und Handeln, wie sie in meiner Sozialisation entstanden sind. Je besser ich meine persönlichen Anteile im Kontakt mit Familien erkenne, umso eher kann ich die Gefühle und Bilder (Gegenübertragungsgefühle), die im therapeutischen Prozess aufkommen, wahrnehmen und reflektieren. Dies erzeugt Aufgeschlossenheit gegenüber unbewussten Prozessen und den damit verbundenen Abwehrmechanismen.

Johannsen (1994) wendet einige Grundprinzipien der Familientherapie auf die Arbeit mit pflegenden Angehörigen von Demenzkranken an, die im Folgenden anhand von Beispielen illustriert werden sollen.

• *Verstehen im Kontext*
Damit ist vor allem ein Verstehen der Symptomatik im biographischen Kontext gemeint. Dies ist bei Demenzkranken vor allem auch deshalb von besonderer Bedeutung, da sie mit Fortschreiten

der Erkrankung immer häufiger „in der Vergangenheit leben" und den kognitiven Zugang zur Gegenwart verlieren.

Beispiel

Herr K. gilt als „weglaufgefährdet", da er jeden Morgen darauf beharrt, die Wohnung zu verlassen. Weiss man aber, dass er bis vor wenigen Jahren jeden Morgen pünktlich zur Arbeit gegangen ist, wird sein Verhalten plötzlich verständlich und erscheint nicht mehr „unnormal".

Auch die Übernahme der Versorgung eines Demenzkranken kann durch „alte" Konflikte überschattet werden, indem die Pflegeperson sich z.B. auf der einen Seite zur Pflege verpflichtet sieht, auf der anderen Seite den/die Kranke/n aber aufgrund seines/ihres früheren Verhaltens ablehnt. Diese ambivalente Haltung gegenüber dem/der Kranken erschwert einen angemessenen Umgang.

Beispiel

Herr D. „verließ" mit etwa 70 Jahren die Familie und siedelte in den „Westen" über. Der inzwischen 90-jährige, leicht demente Mann lebt nun im Haushalt der Tochter. Für die Tochter ist es sehr schwierig, sich um den Vater zu kümmern, nachdem dieser die Familie verlassen hat. Sie sieht es aber als ihre Verpflichtung an. Der Vater sei schon früher ein „Pascha" gewesen, habe die Familie vernachlässigt und getan, was er wollte. Sie betont im Gespräch, dass sie sich dennoch gerne um den Vater kümmern würde, da man ihn jetzt als alten Mann ja nicht allein lassen könne. Obwohl die Gedächtnisstörungen von Herrn D. bisher nur gering ausgeprägt sind, geht er seiner Tochter und deren Mann mit seinen „alten Geschichten" zunehmend „auf die Nerven".

Selbst Konflikte aus der Kindheit des/der Kranken können durch die dementielle Erkrankung reaktiviert werden.

Beispiel

Herr St. ist kognitiv eingeschränkt, es kommt bei ihm zu Fehlleistungen, die er noch selbst wahrnimmt und die Frau St. immer häufiger korrigiert. Sie schildert, dass ihr Mann darauf aggressiv reagiere und ironisch sage, sie sei sowieso die Beste, mache nie Fehler, wisse alles besser usw. Die Konflikte werden dadurch

---

verstärkt, dass Frau St. zum einen selbst davon überzeugt ist, dass sie die „Perfektere" ist und dass er zum zweiten ihre Hilfestellungen tatsächlich benötigt. Es zeigt sich desweiteren, dass Herr St. in der Beziehung zu seinem Bruder immer der „Verlierer" war (Bruder beruflich erfolgreicher, mehr Geld, verhielt sich Herrn St. gegenüber arrogant). In der Beziehung zwischen Frau und Herrn St. hat sich eine ähnliche Konstellation herausgebildet, indem er durch ihr „perfekteres" Verhalten zusätzlich auf sein Versagen hingewiesen wird und sich ihr – wie früher seinem Bruder – unterlegen fühlt. Das vermeintlich unangemessen aggressive Verhalten wird dadurch verstehbar.

Um die Pflegesituation in all ihren Facetten zu verstehen, sollte der/die familientherapeutisch orientierte TherapeutIn folgenden Fragen nachgehen:
- *Wie sind die Familienmitglieder aneinander gebunden?*
- *Was sind die Rollenerwartungen?*
- *Welche Regeln bestehen in der Familie?*
- *Gibt es Generationenkonflikte?*
- *Gibt es Ehe- und Familienkonflikte, die durch die Pflegesituation aktualisiert werden?*

- *Wechselseitige Bedingtheit von Verhalten und Mitteilungen*

Die Interaktionen des Demenzkranken mit seiner Umgebung bedingen sich wechselseitig. So können Familieninteraktionen auslösend für die demente Symptomatik sein oder für deren Fortbestehen mitverantwortlich (Johannsen, 1994). Häufig ist den Angehörigen allerdings nicht bewusst, dass sie durch ihr Verhalten das als störend empfundene Verhalten des/der Kranken auslösen oder verstärken können.

So können beispielsweise pflegerisch notwendige Eingriffe in den Intimbereich des/der Kranken zu Schamgefühlen führen und aggressive Reaktionen auslösen (siehe Beispiel).

Beispiel

Die Mutter von Herrn S. lebt nun seit fünf Jahren mit bei dem Ehepaar S. Damals war der Vater gestorben und sie konnte nicht mehr allein leben. Der Arzt hat inzwischen die Diagnose „Alzheimer" gestellt. Besonders schwierig für die „Kinder" sind die Zornesausbrüche der Mutter, die immer im Zusammenhang mit vermeintlichen Einschränkungen oder Kränkungen durch den Sohn oder die Schwiegertochter stehen. So sei es z. B. zu einem solchen Zornesausbruch gekommen, als die Schwiegertochter die Mutter darauf hingewiesen habe, dass sie sich frische Unterwäsche anziehen müsse.

Um das Familiensystem unter den neuen Bedingungen wieder zu stabilisieren, wird in der Familientherapie der Fokus u. a. auf die Interaktionen zwischen allen Familienmitgliedern gelegt. In der Gruppenarbeit mit Angehörigen bedeutet das beispielsweise, dass die Angehörigen angeregt werden, die Kommunikation in problematischen Situationen zu ändern. Im obigen Beispiel könnte die Schwiegertochter beispielsweise erwähnen, dass sie Wäsche waschen wolle und die Patientin bitten, ihr doch die Unterwäsche zu geben.

Der/die TherapeutIn sollte u. a. auf folgende Bereiche achten:
- *Welche Kommunikationsregeln bestehen im System? (z. B. „Über Fehlleistungen wird nicht gesprochen", „Negative Gefühle werden nicht geäußert", „Wünsche werden nicht direkt geäußert", „Nur einer kann Recht haben")*
- *Liegen Kommunikationsstörungen vor? (einander nicht zuhören, double-bind-Botschaften, häufiges Ironisieren, „nörgeln", viele Verallgemeinerungen, nicht ausreden lassen)*
- *Was ist an Kommunikation den Situationen vorausgegangen, in denen Konflikte zwischen dem/der Kranken und den anderen Familienmitgliedern entstehen?*

• *Anerkennen subjektiver Wahrheiten*
Wird ein/e Demenzkranke/r immer wieder darauf hingewiesen, was er/sie nicht weiss oder was er/sie falsch macht, versucht man, ihn/sie von der „Realität" zu überzeugen, reagiert er/sie nicht selten mit Aggressivität, Depressivität oder sozialem Rückzug.

Beispiel

Herr K. nahm über einen Zeitraum von sechs Wochen täglich an einer Gesprächsgruppe für Demenzkranke in einer Tagesklinik teil. Am Tag seiner Entlassung verabschiedet sich die Therapeutin von ihm mit den Worten „Herr K., Sie sind ja heute den letzten Tag bei uns, ich wünsche Ihnen für zu Hause alles Gute." Herr K. schaut die Therapeutin erschrocken an und sagt: „Dann darf ich nicht mehr hier arbeiten? Aber das geht doch nicht. Dann kriege ich ja auch kein Geld mehr!" Die The-

---

rapeutin „schlüpft" in die Welt des Patienten: „Herr K., Sie haben sehr gut gearbeitet, wir waren sehr mit Ihnen zufrieden. Deshalb bekommen Sie auch noch weiter Geld. Sie müssen sich keine Sorgen machen, es ist alles in Ordnung". Nach einer Weile beruhigt sich der Patient. Hätte die Therapeutin ihre Realität eingeführt: „Sie sind doch hier im Krankenhaus", wäre der Patient wahrscheinlich noch mehr verunsichert worden.

Als TherapeutIn kann man den Angehörigen erklären, was es vermutlich bedeutet, wenn der/die Kranke in „seiner/ihrer Welt" lebt (z. B. Wunsch nach Geborgenheit, Aufrechterhalten von Kontinuität im Leben) und entsprechende Hinweise für den Umgang mit der „anderen Welt" geben.

• *Kybernetisches Modell von Symptomentstehung und -unterhaltung*
Als TherapeutIn sollte man sich beim Auftreten einer dementiellen Erkrankung in einer Familie auch fragen, welche Funktion die Symptome für den Betroffenen selbst und für die Angehörigen haben könnten. Dabei werden Beziehungsmuster und psychosoziale Faktoren (z. B. Tod des Partners, Krankenhausaufenthalt) nicht als Ursache der Erkrankung an sich angesehen. Aber sie können mitbestimmend sein für den Zeitpunkt der klinischen Manifestation der dementiellen Erkrankung, für die Übernahme und Aufrechterhaltung der Pflege; aber auch einzelne Verhaltensweisen oder Symptome können „Funktionen" haben (z. B. Zuwendung zu bekommen).

Beispiel

Die 30-jährige Frau P. will sich von ihrem 38-jährigen Mann scheiden lassen, der sie immer wieder betrogen hat. Bei ihm wurde kurz darauf die Alzheimersche Krankheit diagnostiziert. Die Ehefrau entschied sich, bei ihrem Mann zu bleiben und ihn zu pflegen (siehe zu diesem Fallbeispiel auch Kapitel 13 „Von der Gruppenarbeit in die Einzel-Psychotherapie").

Dass gerade zu dem Zeitpunkt, als sich Frau P. zur Scheidung entschließt, die Alzheimersche Krankheit klinisch manifest wird und damit eine Trennung erschwert wird, scheint nicht zufällig zu sein.

Beispiel

Der an der Alzheimerschen Krankheit erkrankte Herr F. (61 Jahre) wird von seiner geschiedenen Ehefrau (57 Jahre), die in zweiter Ehe verheiratet ist und zwei Kinder hat, in deren Haushalt versorgt. Frau K. hatte sich von ihm getrennt, da er keine Kinder wollte. Die emotionale Bindung an Herrn F. blieb nach der Trennung sehr eng. Er lebte in der Nachbarschaft und war täglich bei der Familie. Frau K. stellt sich manchmal die Frage, ob sie an seiner Krankheit Schuld habe. „Er wollte doch nicht geschieden werden, er ist doch auch nie damit fertiggeworden."

Durch die Übernahme der Pflege des geschiedenen Mannes kann eine außergewöhnliche Lebenssituation legitimiert werden. Die dementielle Erkrankung erlaubt in dieser Situation sogar eine Intensivierung der emotionalen Beziehung.

Beispiel

Frau W. wird von der Schwiegertochter und dem Sohn versorgt. Besonders belastend erleben diese ihre Weigerung, das Haus zu verlassen, um in die Tagespflegeeinrichtung zu gehen. Es fällt auf, dass es zum Auftreten von Symptomen vor allem dann kommt, wenn von der Mutter eine gewisse Selbstständigkeit verlangt wird.

Hier kann die dementielle Symptomatik beispielsweise die Funktion haben, Angst vor Neuem/Unbekannten (der Tagespflege) zu vermeiden oder die Zuwendung vertrauter Personen zu erhalten.

• *Orientierung an Ressourcen in Bezug auf Demenzkranke und deren Angehörige*
Angehörige sollten darauf aufmerksam gemacht werden, über welche Fähigkeiten der/die Kranke verfügt. Denn ebenso wie man Angehörigen begegnet, die Defizite leugnen oder bagatellisieren und den/die Kranke/n deshalb überfordern, trifft man auf Angehörige, die den/die Kranke/n einen-

gen, indem sie ihm/ihr nichts mehr zutrauen. Dabei ist es für das psychische Wohlbefinden des/r Demenzkranken äußerst wichtig, kleine Aufgaben zu übernehmen – unabhängig davon, ob es eine echte Hilfe für die Angehörigen ist oder nicht. Das durch ständige Versagenserlebnisse bereits gestörte Selbstwertgefühl wird noch mehr verletzt, wenn der/die Kranke zu ständiger Passivität gezwungen wird.

Sich an den Ressourcen zu orientieren heißt für die Angehörigen auch, den emotionalen Zugang zum Kranken wahrzunehmen und zu nutzen. Selbst schwer Demente haben oft ein erstaunliches Gefühl für den emotionalen Gehalt einer Situation und für die ihnen entgegengebrachten Gefühle.

Bezogen auf die Angehörigen bedeutet ein ressourcenorientiertes Vorgehen, dass auf Erfahrungen des/r Angehörigen zurückgegriffen wird, die ihm/ihr bei der Bewältigung früherer Belastungen geholfen haben (siehe dazu auch Kapitel 4.2 „Belastungsverarbeitung pflegender Angehöriger"). Desweiteren ist eine genaue Analyse der Ressourcen in der Familie und im weiteren sozialen Umfeld (z.B. Nachbarn, Freunde) notwendig, um den Angehörigen potentielle Entlastungsmöglichkeiten aufzuzeigen.

Bei der Beratung von pflegenden Angehörigen stellen sich in diesem Zusammenhang folgende Fragen:
– *Wie geht eine Familie (oder ein Paar) mit einer solchen Belastung um?*
– *Welche Ressourcen stehen der Familie zur Verfügung?*
– *Können sie Probleme innerhalb ihrer Familie lösen oder sind ihre Kapazitäten erschöpft?*
– *Können sie das Beziehungssystem umstellen und flexibel reagieren?*
– *Welche Ressourcen können im sozialen Umfeld aktiviert werden?*

Kapitel 11

Probleme im Gruppenverlauf

In der therapeutischen Arbeit mit pflegenden Angehörigen in Gruppen können sich trotz des strukturierten Vorgehens schwierige Situationen ergeben, die den vorgesehenen Ablauf unterbrechen und ein flexibles Reagieren der Gruppenleitung erfordern. Diese Situationen im Gruppenverlauf resultieren häufig aus der besonderen Problematik, die in der Gruppenarbeit mit Angehörigen von DemenzpatientInnen behandelt wird. Wichtige Interventionsstrategien zum Umgang mit solchen Situationen werden im folgenden Kapitel erläutert.

11.1 Belastung durch die Konfrontation mit fortgeschrittenen Stadien der Demenz

Ein wesentlicher therapeutischer Faktor in der Gruppenarbeit ist der Erfahrungsaustausch unter den Angehörigen (siehe Kapitel 9 „Therapeutisches Konzept"). Aber auch wenn die Gruppenzusammensetzung im Hinblick auf die Krankheitsstadien der DemenzpatientInnen weitgehend homogen ist, ergeben sich teilweise Unterschiede in den Alltagserfahrungen. Diese entstehen unter anderem aus den unterschiedlichen Lebenssituationen der Angehörigen und der DemenzpatientInnen sowie ihrer Beziehung zueinander, welche die Demenzsymptomatik mitprägen (siehe Kapitel 3 „Demenz als Familienkrankheit"). Darüber hinaus weist der individuelle Krankheitsverlauf eine hohe Spannbreite auf, so dass in Einzelfällen eine rapidere Verschlechterung des Gesundheitsstatus eintreten kann als bei anderen PatientInnen im gleichen Zeitraum. Somit werden die GruppenteilnehmerInnen immer wieder mit Verhaltensauffälligkeiten, Verschlechterungen des Gesundheitszustandes oder Symptomen konfrontiert, die sie (noch) nicht aus eigener Erfahrung kennen und/oder die mit Entscheidungszwängen verbunden sind (z.B. Überweisung des/der Erkrankten in ein Pflegeheim), mit denen sie (noch) nicht konfrontiert sind. Die Schilderungen der anderen TeilnehmerInnen von Alltagssituationen und schwierigen Entscheidungskonflikten und vor allem die emotionalen, häufig krisenhaften Reaktionen darauf lösen aber dennoch eigene Betroffenheit und psychische Belastung wie Angst, Trauer oder Hoffnungslosigkeit aus.

Beispiel

Die 74-jährige Frau S. berichtet in einer unserer Angehörigengruppen von der zunehmenden Verschlechterung des Gesundheitszustandes ihres 79-jährigen Ehemannes. Er ist zunehmend örtlich desorientiert, erkennt seine Ehefrau zeitweise nicht mehr sicher und wird inkontinent. Aufgrund der erschwerten Betreuung erwägt die Ehefrau, ihren Ehemann in einem Pflegeheim versorgen zu lassen. Diese Überlegung ist mit großen Schuldgefühlen und Zweifeln verbunden, so dass sie sich in einer Krise befindet. Die 56-jährige Frau J., die ihre 78-jährige mittelgradig demenzkranke Tante versorgt, verlässt die Gruppe, da sie „gar nicht wissen möchte, was noch auf mich zukommt". Sie kann die Belastungen der Versorgung nur mit der Hoffnung tragen, dass sich der Gesundheitszustand ihrer Tante nicht derartig verschlechtert. Die Konfrontation mit möglichen Verschlechterungen überfordert sie.

Solche Situationen können den Gruppenzusammenhalt insgesamt destabilisieren, da der gemeinsame Erfahrungshintergrund der Gruppenmitglieder, auf dem der Zusammenhalt aufbaut, teilweise verlassen wird. Die GruppenteilnehmerInnen sind mit der Anforderung konfrontiert, sich mit der Frage auseinanderzusetzen, wie sie selbst mit Verschlechterungen der dementiellen Symptomatik umgehen würden.

- *Interventionsstrategien*

Um die Stabilität der Gruppe zu bewahren beziehungsweise wieder herzustellen, ist es vordringlich notwendig, diejenigen Angehörigen zu stützen, die in ihrer Versorgungssituation mit der Verschlechterung der dementiellen Symptomatik aktuell konfrontiert sind. Gleichzeitig muss bei den anderen Mitgliedern eine Auseinandersetzung mit den Sorgen oder Ängsten angeleitet werden, die in dieser Situation bei ihnen ausgelöst werden.

Um eine Überforderung und den daraus resultierenden Rückzug aus der Gruppe zu verhindern, ist es notwendig, in einem strukturierten Problemlöseprozess gemeinsam konkrete Lösungsschritte für eine Bewältigung der veränderten Versorgungssituation zu erarbeiten (zur praktischen Umsetzung siehe Kapitel 10.3 „Problemlösekonzept"; Kapitel 10.4 „Kognitives Umstrukturieren"). Darüber hinaus sind Veränderungen der Symptomatik und damit auch der Pflegesituation ein Anlass dafür, in der Gruppe (erneut) über die Bedeutung der dementiellen Erkrankung für das familiäre System und die emotionale Beziehung zum erkrankten Menschen zu reflektieren (siehe hierzu Kapitel 10.5 „Familiensystemischer Ansatz"). Die Möglichkeit, in der Gruppe eigene Gefühle zu äußern, stellt im Gruppenverlauf immer wieder eine wichtige Hilfe für die psychische Verarbeitung der mit der Demenz einhergehenden Veränderungen und für die Anpassung an das Leben mit einem demenzkranken Familienmitglied dar. In diesem Zusammenhang ist es meist auch sinnvoll, im Rahmen des psycho-edukativen Konzepts (siehe Kapitel 10.2 „Information und Wissensvermittlung") Fragen der Krankheitssymptomatik (erneut) aufzugreifen. So trägt es zur Entlastung bei, wenn den GruppenteilnehmerInnen vermittelt wird, dass neu aufgetretene Symptome oder Verschlechterungen zum „normalen" Verlauf der Demenz gehören, die aus dem Krankheitsprozess heraus erklärbar sind (und nicht – wie bisweilen befürchtet wird – auf Fehler in der Versorgung oder zu geringe eigene Anstrengungen zurückzuführen sind).

Die Auseinandersetzung mit einer neuartigen Problematik kann außerdem Anlass sein, die Bedeutung der emotionalen Beziehung für die Versorgungssituation zu vertiefen (siehe Kapitel 10.5 „Familiensystemischer Ansatz"). Dies ist etwa der Fall, wenn eine Verschlechterung der Symptomatik in höherem Maße als zuvor verhaltenseinschränkende Maßnahmen (im Sinne „fürsorglich-autoritären Verhaltens"; Bruder, 1996) oder Kontrollen des Demenzkranken erfordert und dies mit Schuldgefühlen verbunden ist. Gerade in Krisensituationen, die durch neue Versorgungsnotwendigkeiten ausgelöst werden und tiefgreifende Veränderungen der Beziehungsgestaltung erfordern, werden solche emotionalen Bindungen und systemische Einflüsse auch für die Angehörigen selbst unmittelbar einsichtig.

Diese Form der Auseinandersetzung ist nicht nur für die Unterstützung der/des aktuell betroffenen Teilnehmers/-in notwendig. Vielmehr kann dabei im Sinne des Modelllernens den anderen TeilnehmerInnen vermittelt werden, dass auch bei krisenhaften Veränderungen in der Versorgungssituation durch strukturiertes Vorgehen und eine aktive Auseinandersetzung mit der neuen Situati-

on eine Bewältigung möglich ist. Insgesamt trägt dies zur Förderung des Kontrollerlebens der Angehörigen bei. Die Krise eines Gruppenmitgliedes wird somit konstruktiv für den weiteren Gruppenprozess aufgegriffen.

11.2 Überredung von TeilnehmerInnen durch Gruppenmitglieder

Im Erfahrungsaustausch neigen TeilnehmerInnen in ihrem Bemühen, anderen zu helfen, bisweilen dazu, Gruppenmitglieder zu Entscheidungen oder Veränderungen zu drängen. Dies ist insbesondere dann der Fall, wenn TeilnehmerInnen einerseits hochgradig belastet sind, andererseits aber zögern, erste Veränderungsschritte zu initiieren. Lösungen, die sich vor dem eigenen Erfahrungshintergrund als sinnvoll und hilfreich erwiesen haben, werden ohne weitere Reflexion auf eine andere Pflegesituation übertragen (*„Sie müssen jetzt einfach mal zwei Wochen Urlaub nehmen"*). Dahinter verbirgt sich häufig auch die Unfähigkeit, die Belastungen der anderen Gruppenmitglieder zunächst zu würdigen und Unsicherheit oder Ambivalenz zu tolerieren. Ein Grund hierfür ist, dass die Belastungen anderer Gruppenmitglieder auch für die eigene Person als belastend empfunden werden und deshalb nach schnellen „Lösungen" verlangen.

Die spezifischen individuellen Umstände der Pflege werden dabei außer Acht gelassen, so dass keine konstruktiven Lösungsansätze entstehen. Gehen Gruppenmitglieder dennoch auf Lösungen anderer TeilnehmerInnen ein, ohne die Besonderheiten der eigenen Pflegesituation zu berücksichtigen, ist die Gefahr des Misslingens hoch. Besonders deutlich wird dieses Problem, wenn Angehörige mit eher sachlich-instrumentellen Problemlösungsstrategien Ratschläge an andere geben, die eher eine emotionale Bewältigung von Problemen suchen. Daraus kann Enttäuschung resultieren, wenn Lösungswege, die anderen geholfen haben, in der eigenen Situation als nicht hilfreich empfunden werden.

Beispiel

Die 78-jährige Frau F. spricht in der Angehörigengruppe darüber, dass ihr 81-jähriger mittelgradig demenzkranker Ehemann zunehmend passiv werde und sie ihn kaum noch bewegen könne, das Haus zu verlassen. Dadurch fühlt sie sich zunehmend belastet, da bisher gemeinsame Spaziergänge oder die gemeinsame Arbeit im Schrebergarten ein verbindendes Element zwischen beiden gewesen sei, das sie nun vermisse. Ihr Ehemann wird ihr dadurch fremd. Der 67-jährige Herr K., der seine schwer demente 64-jährige Ehefrau zu Hause versorgt, rät ihr immer wieder, sich ein Trainingsgerät zuzulegen, das er von der Krankengymnastin seiner Frau erhalten habe und mit dem man passive Beinbewegungen anstoßen könne, indem die Füße auf elektrisch betriebenen, sich kreisförmig bewegenden Pedalen befestigt würden. Dies fördere den Rückgang der körperlichen Einschränkungen, und er empfiehlt Frau F., regelmäßig in dieser Form mit ihrem Mann zu „trainieren". Frau F. fühlt sich in ihrem emotionalen Schmerz missverstanden, während Herr K. sich mit seinen Ratschlägen abgelehnt fühlt. Der Austausch von Erfahrungen ist in diesem Fall nicht konstruktiv, da beide von unterschiedlichen Erfahrungshintergründen und Erlebensweisen ausgehen.

• *Interventionsstrategien*
Die wichtigste Aufgabe für die Gruppenleitung besteht bei dieser Problematik darin, die Mitglieder der Gruppe auf das strukturierte Problemlösungskonzept zurückzuführen. Dabei sollte betont werden, dass sowohl die Belastungssituation als auch adäquate Lösungsmöglichkeiten in hohem Ausmaß von individuellen Gegebenheiten abhängen und somit die Entwicklung von Lösungen eine genaue, individuelle Problem- und Zielanalyse erfordert. Gleichwohl sollten Erfahrungen anderer Mitglieder mit Lösungsversuchen, die für sie hilfreich gewesen sind, bei der Suche nach Handlungsoptionen im Rahmen des „brainstorming" als wichtige Anregung gewürdigt werden und in diesem Sinne in den Problemlöseprozess eingehen.

11.3 Übersiedlung ins Heim und Tod dementer Familienmitglieder

Eine besondere Krise entsteht stets im Gruppenverlauf, wenn ein von einem/r Teilnehmer/in versorgter Demenzkranker verstirbt. Über die emotionale Belastung und Trauer hinausgehend, die mit dem Tod eines vertrauten Menschen verbunden ist, wird dieses Ereignis von Angehörigen häufig auch als Infragestellen der Anstrengungen um eine fürsorgliche, dem Demenzkranken gerecht werdende Pflege und Versorgung erlebt. Auch den anderen Gruppenmitgliedern, die in dieser Situation meistens tröstend unterstützen, wird damit die oft verleugnete Tatsache bewusst,

dass bei der Sorge um einen Demenzkranken der gesundheitliche Abbau bis hin zum Tode trotz höchster Bemühungen und optimaler Pflege nicht abzuwenden ist. Dies wirft die Frage nach dem Sinn der Anstrengungen auf, die mit so hohen psychischen und physischen Belastungen verbunden sind.

Eine ähnliche Krise entsteht, wenn ein demenzkrankes Familienmitglied in ein Pflegeheim übersiedelt. Die betreffenden Angehörigen interpretieren dies häufig als persönliches Scheitern und erfahren sich gegenüber den anderen Angehörigen, die die Versorgung noch zu leisten in der Lage sind, als unterlegen. Häufig führt dies dazu, dass diese Angehörigen die Gruppe verlassen.

Die anderen Gruppenmitglieder übernehmen bei dieser Problematik meist zwar ebenfalls eine unterstützende Funktion, indem sie Verständnis für die Heimeinweisung zeigen und die Entscheidung im Zusammenhang mit der hohen Belastung verstehen, unter denen die betreffenden Angehörigen leiden.

Allerdings ist in Gruppen zum Teil auch zu beobachten, dass die GruppenteilnehmerInnen dieser Situation hilflos und unsicher gegenüber stehen, da sie sich in der häuslichen Pflege anderen Fragen und Problemen gegenüber sehen als jene Angehörigen, die über die Einweisung eines demenzkranken Familienmitgliedes in ein Pflegeheim nachdenken oder die bereits einen Angehörigen im Heim betreuen. Darüber hinaus werden sie mit einer Anforderung konfrontiert, der sie ansonsten eher häufig ausweichen, da die Auseinandersetzung damit mit hohen Schuldgefühlen verbunden ist.

• *Interventionsstrategien*
Bei beiden Problembereichen geht es um das Thema des Abschieds von einem vertrauten Menschen und um die damit verbundene Trauer. In der therapeutischen Arbeit steht somit die Auseinandersetzung mit der emotionalen Beziehung zum Demenzkranken im Mittelpunkt. In diesem Zusammenhang erhält der systemische Ansatz hohe Bedeutung (siehe Kapitel 10.5 „Familiensystemischer Ansatz").

Darüber hinaus geht es in diesen Fällen um eine empathische, tröstende Unterstützung. Wichtig ist es dabei, ausdrücklich die geleisteten Anstrengungen der Angehörigen hervorzuheben und zu würdigen, um diesen das sichere Gefühl zu vermitteln, alles in ihren Kräften stehende getan zu haben. Dies erleichtert den Abschied vom dementiell erkrankten Menschen.

Neben der emotionalen Unterstützung, die in den beiden beschriebenen Krisensituationen notwendig ist, kommt der Gruppenleitung vor allem die Aufgabe zu, die Erfahrungen mit dem Tod des demenzkranken Familienmitglieds sowie mit der schwierigen Entscheidung zur Heimeinweisung in die Gruppenarbeit und in den Erfahrungshintergrund der anderen TeilnehmerInnen zu integrieren. Es sollte vermittelt werden, dass die Gruppe sich nun mit einer Problematik auseinandersetzen muss, die grundsätzlich immer zu irgendeinem Zeitpunkt in der Versorgung eines demenzkranken Familienmitgliedes bedeutsam werden wird. Die konkrete Erfahrung eines Gruppenmitglieds kann für diese Auseinandersetzung ein wichtiger Anstoß sein.

Im Zusammenhang mit dem Problem der Heimeinweisung steht außerdem die Frage im Mittelpunkt, welche persönlich bedeutsamen Entscheidungskriterien jede/r Einzelne für die Beendigung der häuslichen Pflege bereits hat oder entwickeln könnte. Diese Frage kann im Rahmen des strukturierten Problemlöseansatzes thematisiert werden (siehe Kapitel 10.3 „Problemlösekonzept"). Darüber hinaus ist es wichtig, innerhalb des kognitiv-verhaltenstherapeutischen Vorgehens in der Gruppe auch die Vorteile zu reflektieren, die für die Angehörigen und die demenzkranken Personen mit einer Heimübersiedlung verbunden sein können (z.B. ein entspannterer Umgang miteinander, da die alltäglichen Belastungen reduziert sind) und Strategien zu erarbeiten, das im Heim lebende Familienmitglied auch weiterhin zu betreuen. Durch die Entlastung von der pflegerischen Versorgung und den damit verbundenen Spannungen wird es für die Angehörigen möglich, die emotionale Zuwendung zum erkrankten Familienmitglied (wieder) zu intensivieren und somit eine bedeutsame Aufgabe für dessen psychische Stabilisierung zu übernehmen. Die Gewissheit, auch weiterhin eine wichtige Funktion einnehmen zu können, kann für die Angehörigen in hohem Maße entlastend sein und von Schuldgefühlen befreien, die im Zusammenhang mit der Entscheidung für die stationäre Versorgung entstehen können.

11.4 Abbrüche

Bei verschiedenen der bereits beschriebenen Probleme wurde erkennbar, dass im Gruppenprozess TeilnehmerInnen die Gruppe verlassen, weil sie diese nicht mehr als hilfreich empfinden oder sich gegenüber den anderen Mitgliedern als weniger „erfolgreich" in der Bewältigung der Pflege erleben.

• *Interventionsstrategien*
In diesem Fall stellt sich zum einen die Frage nach den Motiven für den Rückzug aus der Gruppe und danach, welche Unterstützung für die Angehörigen weiterhin notwendig ist bzw. ob ihnen eine weitere Teilnahme nahegelegt werden sollte. Somit ergibt sich in jedem Fall die Notwendigkeit, die Angehörigen zu einem Einzelgespräch einzuladen, um diese Fragen mit ihnen zu klären. Möglicherweise fühlen sich die Angehörigen in einem Ausmaß belastet, für das die Gruppe die notwendige Unterstützung nicht mehr leisten kann. In diesem Fall stellt sich die Frage nach einer weiterführenden Einzeltherapie (siehe Kapitel 13 „Von der Gruppenarbeit zur Einzel-Psychotherapie").

Möglicherweise fanden die betroffenen Personen aber auch ihre Bedürfnisse in der Gruppe zu wenig berücksichtigt. Der Weggang eines Gruppenmitglieds bedeutet dann eine Destabilisierung der Gruppe, da ihre unterstützende Wirkung und der Zusammenhalt in Frage gestellt werden können. Die Gruppe sollte deshalb die Möglichkeit erhalten, über den bisherigen Verlauf zu reflektieren und gemeinsame zukünftige Ziele und Arbeitsweisen zu hinterfragen und eventuell an veränderte Bedürfnisse der Angehörigen anzupassen. Damit kann die Gruppe zu einem neuen Gleichgewicht finden.

11.5 Unerwartete Beratungsverläufe

Aufgrund der Komplexität einer dementiellen Erkrankung, die neben der hirnorganischen Erkrankung von einer Vielzahl innerer und äußerer Faktoren mitbestimmt wird (siehe Kapitel 2 „Demenz: Epidemiologie, diagnostische Kriterien, Differentialdiagnostik, Symptomatik und Verlauf"), können im Rahmen des Problemlöseprozesses gefundene Lösungen mit negativen Folgen für den Krankheitsverlauf verbunden sein. Der Umgang damit ist näher in Kapitel 10.3 „Problemlösekonzept" erläutert.

Kapitel 12

Betreuungsgruppe

Die Betreuungsgruppe besitzt nicht nur eine Entlastungsfunktion für Angehörige, sondern stellt ein eigenes therapeutisches Angebot für die Demenzkranken dar. Es werden wichtige Hinweise für die Rahmenbedingungen zur Durchführung der Gruppe (Raum, Material, Ablauf) gegeben und mögliche Inhalte vorgestellt. Der Umgang mit Demenzkranken in der Gruppe wird ebenfalls diskutiert.

12.1 Einführung

Eine Betreuungsgruppe für die PatientInnen, die zeitlich parallel zur Angehörigengruppe stattfindet, ist aus folgenden Gründen wichtig:

1. Die Betreuungsgruppe stellt eine *Entlastung für Angehörige* dar, indem sie einigen die Teilnahme an der Gruppe erst ermöglicht.
2. Zum Zweiten können die TherapeutInnen wichtige Informationen über die *Paar- oder Familiendynamik* sammeln. Dabei ist die direkte Beobachtung der Interaktion zwischen Krankem und Angehörigem bei der Begrüßung und der Verabschiedung ebenso von Interesse wie die Möglichkeit, sich ein eigenes Bild vom demenzkranken Familienmitglied machen zu können.
3. Zum Dritten erleben die Angehörigen die Kranke/den Kranken *im Kontakt mit anderen Menschen* und können „testen", wie der/die Kranke eine zeitlich begrenzte Trennung toleriert. Sie können dabei die Erfahrung machen, dass die Kranken in einer neuartigen sozialen Situation durchaus anders reagieren als im häuslichen Pflegealltag. Diese Erkenntnis kann in der Gruppe thematisiert werden und ein wichtiger Auslöser dafür sein, die Abhängigkeit „verwirrten" Verhaltens von äußeren Bedingungen und vom Verhalten der Interaktionspartner der Kranken wahrzunehmen. So können sich die Angehörigen darüber klarer werden, inwiefern sie an der Entstehung problematischen Verhaltes durch ihr Verhalten mitbeteiligt sind.
4. Viertens stellt die Betreuungsgruppe ein *eigenes therapeutisches Angebot* für die Demenzkranken dar. Die PatientInnen finden dabei vor allem individuelle Zuwendung und Anregung.

Vor der ersten Gruppenstunde sollte mit den Angehörigen ein Gespräch geführt werden, um Informationen über die Biographie, Vorlieben und Abneigungen des demenzkranken Familienmit-

gliedes sowie mögliche Gesprächsthemen zu erhalten. Diese Informationen sollten dokumentiert und im Laufe der Zeit ergänzt werden.

12.2 Raumgestaltung und Atmosphäre

Die Betreuung der Demenzkranken sollte in einer Atmosphäre stattfinden, die ihnen ein Gefühl von Sicherheit vermitteln kann. Dazu gehören eine helle und warme Beleuchtung, eine Raumtemperatur von maximal 21 Grad und Orientierungshilfen (z. B. großes Blatt mit Datum, Schild „Toilette"). Charakteristische Angstauslöser wie stark gemusterte Fußböden und Spiegel sollte man vermeiden. Bei der Einrichtung der Räume und der Durchführung der Gruppe sollte darauf geachtet werden, dass den PatientInnen Reize auf mehreren Sinneskanälen (optisch, akustisch, haptisch, olfaktorisch) angeboten werden, ohne sie aber mit Reizen zu überfluten.

Eine Küche und/oder ein Garten erweitern die möglichen Aktivitäten. Die Räume sollten rollstuhlgerecht sein. Die Räume für die Angehörigengruppe und die Betreuungsgruppe sollten nicht zu weit auseinander liegen, damit schnell Kontakt mit den Angehörigen aufgenommen werden kann.

Meist wird man Räume zur Verfügung haben, die weit hinter diesen „Optimalvorstellungen" liegen: in unserem Fall zu Beginn ein kahler, niedriger, dunkler Raum mit Linoleumfußboden und Heizungsrohren an der Decke, zwei alten Couchtischen und einigen Stühlen, später ein helles Büro mit Regalen, Schreibtischen, Computern usw. Wir deckten die Tische mit Tischtuch und Kaffeegeschirr, so dass die PatientInnen an einen Cafébesuch erinnert wurden und damit eine vertraute Atmosphäre geschaffen wurde. Wichtiger als die äußeren Bedingungen ist das Ziel, den PatientInnen Geborgenheit zu vermitteln.

12.3 Materialien

CD-Player, CDs, Fotos der PatientInnen, Spiele, Bildbände, Bücher zum Vorlesen, Liederbücher, Utensilien zum Malen und Basteln, Material für einfache Übungen zum Hirnleistungstraining.

12.4 Ablauf

Ein strukturierter Ablauf der Betreuungsgruppe hat sich als günstig für die Gruppenatmosphäre und die Zufriedenheit der TeilnehmerInnen erwiesen. Die PatientInnen und ihre Angehörigen werden von den GruppenleiterInnen begrüßt, und den PatientInnen und Angehörigen wird außerdem ausreichend die Möglichkeit gegeben, sich für die Zeit der Gruppenstunde zu verabschieden. Als Rahmen für die Betreuungsgruppe bietet sich das gemeinsame Kaffeetrinken an. Leise Musik im Hintergrund kann dabei für eine entspannte Atmosphäre sorgen.

Bei der weiteren Gestaltung der Gruppe sollten die Interessen der TeilnehmerInnen, der Schweregrad ihrer dementiellen Erkrankung und spezielle Fähigkeiten der TherapeutInnen (z.B. Musik, Malen, Biographiearbeit) berücksichtigt werden. Auch der Abschluss der Gruppe sollte immer in der gleichen Form erfolgen (z.B. durch bestimmte „Rituale" beim Abschied, wie etwa ein gemeinsames Lied, eine kleine Entspannungsübung).

12.5 Inhalte

- *Gespräch*

In der Regel können die PatientInnen noch einfache Fragen beantworten, so dass Gespräche – zumindest in Form von Dialogen mit den BetreuerInnen – möglich sind. Ob ein „echtes Gruppengespräch" zustande kommt, hängt von den kognitiven und kommunikativen Fähigkeiten der TeilnehmerInnen ab. Entscheidend ist, dass die GruppenleiterInnen dem demenzkranken Menschen Aufmerksamkeit und echtes Interesse an der Person, ihrem aktuellen Erleben und ihrer Lebensgeschichte entgegenbringen. Dies stellt eine wichtige Stützung des Selbstwertgefühls der Erkrankten dar und vermittelt ihnen Wertschätzung, bei der die krankheitsbedingten Einschränkungen und Probleme keine Bedeutung besitzen. (Kommunikation mit Dementen siehe Kapitel 12.7).

- *Biographiearbeit*

Um die persönliche Identität zu stützen und die Kontinuität des personalen Erlebens der Demenzkranken zu bewahren, wird mit therapeutischen Interventionen wie der Selbsterhaltungstherapie SET von Romero (1997) oder der Reminiszenztherapie angestrebt, das Wissen über sich selbst zu erhalten und das psychische Wohlbefinden zu verbessern. Dabei sollten vor allem positive Erinnerungen aus dem Leben reaktiviert und Beziehungen zu nahestehenden Menschen beleuchtet werden.

Beispiel
Ausgelöst durch das gemeinsame Kaffeetrinken in der Gruppe wird Frau B. an ihre Jugendzeit erinnert. Sie sagt immer wieder „kawe mosche bitch, Kaffee muss sein". Sie stammt aus Schlesien und sprach früher auch polnisch. Wir greifen diesen Satz auf und beginnen ein Gespräch über Essen und Trinken in der Kindheit und Jugendzeit der TeilnehmerInnen. Frau B., die sonst wenig am Gruppengeschehen beteiligt war, wird viel wacher.

Als Themen für die Biographiearbeit bieten sich z.B. an:

- Eltern, Geschwister und Kinder
- Essen und Trinken
- Garten, Haustiere
- Reisen
- Schulzeit
- Wohnen und Haushalt
- Berufsausbildung und Berufstätigkeit

- *Emotionale Verarbeitung der Einschränkungen*

Die emotionale Auseinandersetzung mit der Erkrankung und das Teilen von Gefühlen mit anderen Betroffenen im Erleben der Erkrankung kann gerade bei PatientInnen in Frühstadien bei depressiven Reaktionen eine wichtige Unterstützung sein (mehr dazu bei: Gunzelmann & Reiser, 2000).

- *Brett-und Kartenspiele*

Demenzkranke in frühen Erkrankungsstadien haben oft Freude an einfachen Brett- oder Kartenspielen, die ihnen noch aus der Kindheit bekannt sind (z.B. „Mensch ärgere dich nicht"). Nehmen PatientInnen in mittleren Stadien einer Demenz an der Gruppe teil, können sie bei Spielen zuhören und zusehen, ohne sich vom Gruppengeschehen ausgeschlossen fühlen zu müssen.

• *Musikhören, Singen und Tanzen*

Die ausgewählten Titel sollten sich an der Generation der Älteren orientieren. So können alte Schlager oder Operettenmelodien aus der Jugendzeit der TeilnehmerInnen verwendet werden. Evergreens wie Heinz Rühmanns „Wenn der Vater mit dem Sohne einmal ausgeht" dienen zum Auffrischen von Erinnerungen. Bekannte Volks- und Kinderlieder fordern zum Mitsingen auf und fördern die Interaktion zwischen den TeilnehmerInnen (siehe zum Thema: Müller-Schwartz, 1994; geeignete CD's: zum Beispiel „Schellack-Klassiker"). Durch Musik können viele demenzkranke Menschen zum Tanzen angeregt werden. Dies kann eine wichtige Quelle für Freude und Selbstbestätigung sein.

• *Malen, Basteln, Kneten, Collagen*

Malen gehört zu den vertrauten Tätigkeiten aus der Kindheit. Man kann deshalb versuchen, die Freude am Malen wieder zu wecken. Für den Anfang oder besonders unsichere PatientInnen sollte man Vorlagen (z.B. Mandalas) zum Ausmalen mit Buntstiften bereit halten. Aber auch das freie Gestalten oder das Malen mit Wasser- oder Aquarellfarben nach thematischen Vorgaben sind für die Arbeit mit Demenzkranken in frühen und mittleren Krankheitsstadien zu empfehlen. Durch das Malen wird der Ausdruck von Erfahrungen, Erinnerungen und Emotionen möglich, was auf der verbalen Ebene nicht mehr so differenziert gelingt (siehe zum Thema: Dunker, 1994; Marr, 1995; Gunzelmann & Reiser, 2000). Auch andere gestalterische Angebote können positive Effekte auf das emotionale Befinden der erkrankten Menschen haben.

• *Hirnleistungstraining*

Viele Demenzkranke sprechen von sich aus an, vergesslich zu sein. Sie sind an einfachen Aufgaben zum Hirnleistungstraining interessiert. Ob man solche Übungen anbietet, sollte man vor allem davon abhängig machen, ob die TeilnehmerInnen daran Freude haben oder ob sie durch die Konfrontation mit ihren Defiziten verunsichert oder deprimiert werden. Leistungsdruck oder Konkurrenz innerhalb der Gruppe muss auf jeden Fall vermieden werden.

Ziel eines moderaten kognitiven Trainings ist dabei nicht die Wiedergewinnung verloren gegangener Fähigkeiten oder gar die Verbesserung der nachlassenden Merkfähigkeit. Vielmehr sollen entsprechend einem ressourcenorientierten Ansatz die vorhandenen kognitiven Fähigkeiten erhalten und die geistigen, kommunikativen und sozialen Potentiale genutzt werden.

Es kann den TeilnehmerInnen vermittelt werden, dass sie zu bestimmten geistigen Leistungen in der Lage sind, dass jede/r seine/ihre Stärken und Schwächen hat und dass ein nachlassendes Gedächtnis nicht bedeutet, „blöd" oder „verrückt" zu sein.

Meier et al. (1996) konnten in einer Studie über ein kognitives Kompetenztraining nachweisen, dass sich zwar die kognitiven Leistungen und das Alltagsverhalten der trainierten PatientInnen im Vergleich mit den nichttrainierten ebenfalls verschlechterten, dass sich aber ihre Lebensqualität stabilisierte.

Geeignet für die Arbeit mit Demenzkranken sind u.a. folgende Aufgaben:

– ABC-Spiele
– Redewendungen und Sprichwörter ergänzen
– Merkaufgaben
– Wortspiele

Auch beim kognitiven Training sollte ein multimodales Vorgehen angestrebt werden, indem Schlüsselreize durch Bilder, Gegenstände oder Geräusche eingesetzt werden.

Anregungen für das Hirnleistungstraining findet man z.B. in den Büchern von Schmidt (1999), Holzapfel (1990), Rigling (1988); Büchern, die sich an der Gehirn-Jogging-Methode von Lehrl & Fischer (1986) orientieren (z.B. Berchem, 1996); und Materialien, die auf der Methode von Stengel (1996) basieren.

• *Weitere Gruppenaktivitäten*

Dabei sind der Phantasie und Kreativität der TherapeutInnen keine Grenzen gesetzt. Ob man einen Obstsalat zubereitet – und danach isst – oder Frühlingsblumen aus Töpfen in eine große Schale pflanzt.

Wenn die PatientInnen ausreichend Vertrauen zu den BetreuerInnen haben und die Angehörigen einverstanden sind, kann man gemeinsam spazierengehen. Dabei bieten sich vielfältige Gelegenheiten, auf Erfahrungen und Erinnerungen der PatientInnen zurückzugreifen und den PatientInnen sinnliche Eindrücke zu vermitteln (z.B. Temperatur, Baumrinde, Schnee, Gerüche, Farben, Tierstimmen).

In der von uns durchgeführten Gruppe machten wir gute Erfahrungen mit der Anwesenheit eines Kleinkindes über mehrere Gruppensitzungen. Aber auch ein einmaliger Besuch z.B. einer Kindergartengruppe läßt viele Demenzkranke aufleben.

Praxisnahe Anregungen für Betreuungsgruppen für demenzkranke Menschen finden sich außerdem im Praxishandbuch „Wege aus dem Labyrinth der Demenz" (Dirksen, Matip & Schulz, 1999).

12.6 BetreuerInnen

Die BetreuerInnen sollten möglichst langfristig die Gruppenarbeit übernehmen, damit die PatientInnen eine stabile, vertrauensvolle Beziehung aufbauen können. Eine 1:1-Betreuung, wie sie von der Alzheimer Gesellschaft Baden-Württemberg (1997) vorschlagen wird, wird nur selten zu gewährleisten sein. Es sollten aber immer mindestens zwei Betreuungspersonen anwesend sein, um „Störungen" (z.B. TeilnehmerIn möchte den Raum verlassen, muss zur Toilette, ist verunsichert) abfangen zu können.

Die Gruppe sollte von einer in der Versorgung dementer PatientInnen erfahrenen Fachkraft (z.B. AltenpflegerIn, Sozialpädagoge/in) geleitet werden, welche die ehrenamtlichen HelferInnen anleitet (z.B. ehemalige pflegende Angehörige, in der von uns durchgeführten Gruppe waren es interessierte MedizinstudentInnen und die Sekretärin). Die Anleitung der BetreuerInnen sollte neben der Vermittlung von wichtigen Grundregeln im Umgang mit Demenzkranken vor allem den Erfahrungsaustausch nach der Gruppe ermöglichen (Supervision). Dabei ist es besonders wichtig, vor allem „neuen" BetreuerInnen die Unsicherheit zu nehmen, alles „richtig" machen zu wollen. Entscheidend für die Übernahme der Betreuungsaufgabe sind u.a. Freiwilligkeit, echtes Interesse an den PatientInnen, Flexibilität, Spontanität und emotionale Wärme (zu den therapeutischen Grundhaltungen für die Arbeit mit Demenzkranken und deren Angehörigen siehe Kapitel 9 „Therapeutisches Konzept").

12.7 Umgang mit Demenzkranken in Gruppen[1]

12.7.1 Demenz als Verlust

Im Folgenden sollen Hinweise für den Umgang mit Demenzkranken in der Betreuungsgruppe gegeben werden. Dabei geht es weniger um „Tipps

---

[1] Da hier nur auf spezifische Probleme des Umgangs mit Demenzkranken in Gruppen eingegangen werden kann, empfehlen wir für die intensivere Beschäftigung mit dem Thema „Umgang mit Demenzkranken" sowohl für professionelle BetreuerInnen als auch für pflegende Angehörige das Buch „Senile Demenz" von Huub Buijssen, 1994.

für den Umgang mit Demenzkranken", sondern eher um ein psychologisches Verständnis der Erkrankung, aus dem sich der Umgang mit demenzkranken Menschen in der jeweiligen Gruppensituation ableiten lässt.

Anhand des in Kapitel 2 „Demenz: Epidemiologie, diagnostische Kriterien, Differentialdiagnostik, Symptomatik und Verlauf" dargestellten Konzeptes (Haupt, 1994), welches Demenz als Verlust von
– Kontinuität des zeitlichen Erlebens,
– Kompetenz in Alltagsfertigkeiten,
– Kongruenz des Erlebens und
– Kommunikationsfähigkeit
beschreibt, werden mögliche emotionale Reaktionen der PatientInnen (Angst, Misstrauen, Unruhe) aufgezeigt und darauf bezogene Interventionen in der Gruppenarbeit vorgeschlagen. Die einzelnen Abschnitte sind mit den Zielen der Interventionen überschrieben.

12.7.2 Kontinuität des zeitlichen Erlebens

• *Vertrauen schaffen*
Das fehlende Erkennen von Zusammenhängen zwischen Ereignissen kann für die TeilnehmerInnen beispielsweise zu *Misstrauen* gegenüber den Angehörigen führen.

Beispiel

Herr P. äußert, dass er sich von seiner Frau vernachlässigt fühle. Selbst die Information, dass seine Frau im Nachbarzimmer ein wichtiges Gespräch führe, kann ihn nicht davon abbringen.

Daraufhin äußerten alle TeilnehmerInnen der Betreuungsgruppe, dass sie eigentlich lieber „mit bei den anderen sitzen" oder gar nicht in die Gruppe kommen würden. Es entsteht Unruhe. Erst nachdem sich zwei Männer in Begleitung einer Betreuerin vergewissert haben, dass sich ihre Frauen nebenan befinden, kehrt wieder Ruhe in die Gruppe ein.

• *Sicherheit vermitteln*
Der *Verlust des Erlebens zeitlicher Dimensionen* kann *Angst* hervorrufen, von den Angehörigen verlassen worden zu sein oder nicht mehr nach Hause, sondern etwa in ein Heim zu kommen. Es ist deshalb eine wichtige Aufgabe der BetreuerInnen, Sicherheit zu vermitteln und/oder Orientierungshilfen zu geben (s.u.).

Beispiel

BetreuerIn: „Wir trinken jetzt zusammen Kaffee. Es ist schön, Frau D., dass Sie gekommen sind".
Frau D., welche die Betreuerin weder mit dem Namen kennt, noch sich an das letzte Mal erinnern kann: „Fräulein, zu Ihnen komme ich immer gern".

In diesem Beispiel kann der/die Betreuer/in allein durch das Erwähnen einer vertrauten, emotional positiv konnotierten Handlung (Kaffeetrinken) und die Nennung des Namens der Patientin ausreichend Sicherheit vermitteln.

• *Orientierung geben*
Je nach den Bedürfnissen der TeilnehmerInnen können eher *Hinweise zur Orientierung* (z.B. zur Jahreszeit, zum Aufenthaltsort des Angehörigen, zur Dauer der Gruppe) sinnvoll sein oder die Zuwendung stärker auf der *emotionalen Ebene* liegen.

Beispiel

Frau A. nach dem Kaffeetrinken: „Ich muss jetzt gehen, mein Mann wartet."
Betreuerin: „Unser Treffen dauert noch eine Stunde und ihr Mann hat mir gesagt, dass er sie dann abholt. Sie müssen sich also keine Sorgen machen. Vermissen Sie Ihren Mann wohl sehr?"

Die BetreuerInnen haben ganz prinzipiell die Aufgabe, den Gruppenablauf zu strukturieren (zeitlich, Abläufe, Regelmäßigkeiten), um den TeilnehmerInnen einen *Orientierungsrahmen* zu geben.

• *Die persönliche Identität erhalten*
Die TeilnehmerInnen sollten zu *Erzählungen über die Vergangenheit ermutigt* werden, um dadurch *die Erhaltung der persönlichen Identität* zu unterstützen. Indem sich die/der Betreuer/in als (in der Regel) jüngerer Mensch für die Lebensgeschichte interessiert, kann sie/er damit auch zur Stärkung des Selbstwertgefühles der TeilnehmerInnen beitragen. Eine wichtige Anregung für Gespräche können hier Fotographien aus der persönlichen Lebensgeschichte des erkrankten Menschen sein.

Beispiel

Herr F., der zeitlich, örtlich und situativ desorientiert ist, erzählt mit Begeisterung von seiner Tätigkeit in einer Maßschneiderei. Er berichtet davon, dass er Spezialist für das Nähen von Knopflöchern war. Die Betreuerin schlägt den Bogen aus der Vergangenheit in die Gegenwart, indem wir seinen selbstgenähten Anzug anschauen und die handgenähten Knopflöcher bewundern.

12.7.3 Kompetenz in Alltagsfertigkeiten

• *Selbstwertgefühl stärken*
Als Anknüpfungspunkt für Aktivitäten in der Gruppe dient wiederum die Lebensgeschichte der PatientInnen. Ziel der Aktivitäten ist dabei nicht das Wiedererlernen bestimmter Fähigkeiten, sondern den PatientInnen *das Gefühl zu vermitteln, dass sie gebraucht werden* und dass sie ihren Platz in der Gruppe haben. Überforderung und damit verbundene Versagenserlebnisse sind unbedingt zu vermeiden.

Die anwesenden Männer stellen mit einer BetreuerIn die Stühle an die Tische, Frau A. und Frau B. helfen beim Tischdecken.

• *Kognitive Fähigkeiten erhalten*
Besonders beim Hirnleistungstraining sollte keine Konkurrenzsituation entstehen. Dies geschieht vor allem dann, wenn Fragen in den Raum gestellt werden, so dass bestimmte PatientInnen (z.B. die mit geistigen Anforderungen vertrauteren) „schneller" sind und manche PatientInnen nie zu Wort kommen. Fragt man „reihum", kommt zwar jeder an die Reihe, aber es kann leicht eine Prüfungssituation entstehen.
Hier ist das therapeutische Geschick der BetreuerInnen besonders gefragt. Es sollte z.B. immer wieder darauf verwiesen werden, dass jeder etwas besonders gut kann und etwas anderes weniger gut.

• *Gruppengefühl entwickeln*
Bei leicht dementen PatientInnen bietet sich durchaus ein Gespräch zu den nachlassenden Gedächtnisleistungen an, da dies oft der kleinste gemeinsame Nenner der GruppenteilnehmerInnen ist, auf den sich die meisten älteren Menschen einigen können. Es kann sich darüber ein Gruppengefühl entwickeln („Es gibt auch viele andere, denen es so geht wie mir").

• *Unruhe abbauen*
Für unruhige PatientInnen kann allein das Umherlaufen eine Möglichkeit sein, sich als aktiv, leistungsfähig und kompetent zu erfahren (Klin-

genfeld und Bruder, 1997). Es sollte deshalb den Demenzkranken erlaubt werden, sich im Raum zu bewegen. Es wird sogar diskutiert, ob die Ausschüttung von Neurotransmittern durch Bewegung zur Stimmungsaufhellung führen kann. Die Gruppensituation sollte deshalb auch Möglichkeiten für körperliche Aktivität bieten (z.B. Spaziergang, Umhergehen).

12.7.4 Kongruenz des eigenen Erlebens mit dem der Gesunden

Die Realität des/der Demenzkranken stimmt oft nicht mit der Realität der Gesunden überein. Müssen wir ihm/ihr die „wirkliche Wirklichkeit" nahebringen? Können wir zulassen, dass er/sie in seiner/ihrer „verkehrten Welt" lebt? Entscheidend dafür, ob wir eher Orientierungshilfen geben oder uns auf die Welt der PatientInnen einlassen, ist das emotionale Erleben, das wir mit unserem Verhalten beim erkrankten Menschen (wahrscheinlich) auslösen.

Ein solch *fühlender Kontakt* „begünstigt die freischwebende Aufmerksamkeit der Betreuer für die Demenzkranken, das Erkennen von und das Reagieren auf ihre Bedürfnisse und Verhaltensweisen" (beiläufiges Betrachten und intuitives Erfassen sind erfolgreicher als direktes Fragen, siehe auch Klingenfeld & Bruder, 1997).

Mit einem „validierenden Vorgehen"[2] (Feil, 1990; Richard, 1996) orientiert sich die Betreuerin/ der Betreuer am aktuell gezeigten Gefühl des/der Kranken und nicht an der eigenen Wirklichkeit. Er/sie soll nicht in das „Hier und heute" geholt werden. Vielmehr sollte die/der BetreuerIn versuchen, sich in den/die Kranke/n hineinzuversetzen, um herauszufinden, was ihn/sie beschäftigt. Das verlangt, aktiv zuzuhören und eine umfassende Kenntnis der Lebensgeschichte zu erlangen (Buijssen, 1997).

Beispiel

Frau K., die früher in ihrer beruflichen Tätigkeit Fortbildungsveranstaltungen organisiert hat, bedankt sich am Schluss der Gruppe für die gute Zusammenarbeit. Sie war überzeugt, dieses „Seminar" veranstaltet zu haben. Welche verheerenden Folgen für ihr Selbstwertgefühl hätte es haben können, hätten wir sie mit der Realität konfrontiert!

Soweit es möglich ist, sollten demnach unrichtige Überzeugungen nicht korrigiert werden. Man sollte „nein" gegenüber den Demenzkranken vermeiden, denn dies kann schnell als Bevormundung erlebt werden und negative Gefühle wie Scham oder Aggression auslösen.

12.7.5 Kommunikationsfähigkeit[3]

* *Nähe herstellen*
Im Gespräch mit Dementen kann durch Blickkontakt und Berührungen Nähe und Vertrautheit hergestellt werden. Bei Berührungen sind starke individuelle Unterschiede in den Bedürfnissen der PatientInnen zu beachten.

* *Aufmerksamkeit unterstützen*
Berührt man den Demenzkranken/die Demenzkranke, wenn man ihn/sie anspricht, ist er/sie nicht so leicht durch andere Reize ablenkbar und kann sich besser auf das Gespräch konzentrieren. Eine ruhige Umgebung hilft, dass die PatientInnen mit ihrer Aufmerksamkeit beim Gruppengeschehen bleiben können. PatientInnen mit Hörstörungen sollten neben den BetreuerInnen sitzen.

* *Vertrautheit fördern*
Gerade in der Gruppe sollte man die PatientInnen mit ihrem Namen ansprechen, damit sie wissen, dass sie gemeint sind und die anderen TeilnehmerInnen mit der Zeit mit den Namen vertraut werden. Auch die BetreuerInnen sollten sich immer wieder mit ihrem Namen vorstellen.

* *Versagenssituationen vermeiden*
Wenn es gelingt, charakteristische Gedächtnislücken zu erahnen, kann man für den Patienten/die Patientin peinliche Versagenssituationen vermeiden.

Fragen Sie z.B. danach, welcher „Jahrgang" der Patient /die Patientin ist und nicht, wie alt er/sie ist.

Rücksichtsvoll-vorsorgendes Wiederholen („Sie haben ja neulich erzählt, dass ...") sorgt ebenfalls dafür, dass die PatientInnen seltener mit ihren Defiziten konfrontiert werden. Vermeiden Sie aus dem gleichen Grund Fragen zur jüngsten Vergangenheit. Und erzählen Sie ruhig viel über sich. Die PatientInnen werden Ihnen mit Interesse zuhören.

---

[2] ausführlich zu diesem Konzept in den Veröffentlichungen und Seminaren von Feil und Richard

[3] Da es sehr viele Kommunikationsregeln gibt, verweisen wir hier nochmals auf das Buch von Buijssen.

Stellen Sie keine Fragen mit mehreren Auswahl-
möglichkeiten.

> Beispiel: besser „Möchten Sie eine Tasse Kaf-
> fee?" als „Möchten Sie Kaffee oder Tee oder
> vielleicht lieber etwas Kaltes?"

- *Eine entspannte Atmosphäre schaffen*
Viele Demenzkranke verstehen keine Ironie und
keine Witze. Seien Sie deshalb klar in Ihrer Wort-
wahl. Aber es darf ruhig viel gelacht werden.
Nicht selten lachen Demente sogar über ihre eigenen Missgeschicke.

Kapitel 13

Von der Gruppenarbeit zur Einzel-Psychotherapie

Die therapeutische Gruppenarbeit mit Angehörigen ist auf die Pflegesituation und ihre Auswirkungen auf das familiäre bzw. partnerschaftliche Zusammenleben konzentriert. Davon unabhängig bestehende psychische Probleme und Anpassungsstörungen einzelner TeilnehmerInnen können in der Gruppe in der Regel nicht behandelt werden. Hier sollte bei Bedarf eine individuelle psychotherapeutische Hilfe vereinbart werden. Dieses Kapitel gibt Hinweise, unter welchen Umständen die Fortsetzung der Gruppentherapie für Angehörige überdacht werden sollte.

Die Teilnahme an der Gruppe setzt nicht nur die Fähigkeit voraus, offen über eigenes Erleben sprechen und eine lösungsorientierte Perspektive einnehmen zu können. Sie erfordert auch, im Abstand zur eigenen Situation auf das Erleben der anderen Gruppenmitglieder eingehen und darüber reflektieren zu können. In Angehörigengruppen können sich aber bisweilen einzelne TeilnehmerInnen befinden, die grundsätzlich Schwierigkeiten mit der hier beschriebenen Form der Gruppenarbeit erleben. Dann ist gemeinsam zu überlegen, ob ihre weitere Teilnahme noch sinnvoll ist oder nicht eine weitere psychotherapeutische Unterstützung in Einzelgesprächen hilfreicher wäre.

Die TherapeutInnen sollten aufmerksam dafür sein, wenn Angehörige der emotionalen Auseinandersetzung in der Gruppe regelmäßig ausweichen oder wenn sie nach einer intensiven Phase der emotionalen Auseinandersetzung im Vergleich mit den anderen TeilnehmerInnen außergewöhnlich große Probleme damit haben, zu einer stabilen Gefühlslage zurückzukehren. Dies können wichtige Hinweise dafür sein, dass die Gruppenarbeit für diese Angehörigen eine Überforderung darstellt oder ihrer psychischen Problematik nicht gerecht wird. Die weitere Teilnahme an der Gruppe sollte auch dann kritisch reflektiert werden, wenn Angehörige von ihrer individuellen Situation auch nicht zeitweise abstrahieren können. Sie fallen in der Gruppenarbeit dadurch auf, dass sie am Erfahrungsaustausch mit anderen Gruppenmitgliedern nicht konstruktiv teilhaben und die Belastungssituation nicht gemeinsam mit den anderen Gruppenmitgliedern reflektieren können. Es gelingt solchen Gruppenmitgliedern auch nach intensiven Bemühungen nicht, zu einer lösungsorientierten Perspektive zu finden, von der ausgehend sie in einen strukturierten Problemlöseprozess eintreten könnten.

Meist ist es in solchen Fällen sinnvoller, die individuelle Problematik in Einzelgesprächen intensiv zu behandeln und bei entsprechender Indikation mit den Angehörigen gemeinsam eine individuelle psychotherapeutische Hilfe in Erwägung zu ziehen. Mit dem folgenden Beispiel aus unserer Beratungstätigkeit wird dies illustriert.

Beispiel

Frau P. ist 38 J. alt, sie pflegt ihren dementiell erkrankten 42-jährigen Ehemann, von dem sie sich kurz vor Beginn der Erkrankung aufgrund einer seit langem vorher bestehenden Ehekrise hatte scheiden lassen wollen. Mit dem Auftreten der ersten dementiellen Symptome entschied sie sich jedoch für die Übernahme der Versorgung des Mannes, dies auch unter dem subjektiv erlebten (und wohl tatsächlich vorhandenen) moralisch begründeten Erwartungsdruck der Familie. Frau P. beschreibt sich zunächst als mit der Pflegesituation überfordert, erhofft konkrete Empfehlungen im Umgang mit ihrem Mann, z.B. beim Essen und Waschen. Im Verlauf der gemeinsamen Problemanalyse kann herausgearbeitet werden, dass sie in sehr kompetenter Weise mit den Pflegeerfordernissen umgehen kann. Frau P. beginnt, über ihre eigentliche Bedürftigkeit nach Zuwendung und Nähe zu reflektieren, die seit der frühen Kindheit ungesättigt blieb und die nicht erst in der Pflegesituation so erlebt wurde. Durch die Pflege wurde diese psychische Problematik erneut intensiv erlebt. Sie konnte aber letztlich als unabhängig von der konkreten Pflegesituation verstanden werden. Vielmehr zeigte sich hier ein grundsätzliches Problem von Frau P., Beziehungen einzugehen und zu gestalten. Aufgrund einer gemeinsamen Absprache, in welcher die ausdrückliche Motivation nach Veränderungen in ihrer Beziehungsregulation durch Frau P. formuliert wurde, begann sie eine ambulante und längerfristige Einzelpsychotherapie.

Für die GruppenleiterInnen besteht eine wichtige Aufgabe darin, darüber zu reflektieren, inwieweit einzelne Gruppenmitglieder mit ihrer Problematik noch im Gesamtkontext der Pflege zu verstehen sind oder davon unabhängig als psychisch belastet erscheinen. Meist ist diese Entscheidung erst im Laufe des Gruppenprozesses klarer zu treffen.

Wenn einzelne Gruppenmitglieder aus den hier beschriebenen Gründen die Gruppe verlassen, muss dies auch mit den verbleibenden TeilnehmerInnen besprochen werden (siehe hierzu auch Kapitel 11 „Probleme im Gruppenverlauf"). Die TherapeutInnen sollten dabei zwar nicht im Detail auf die individuellen Gründe für das Verlassen der Gruppe eingehen, da sie damit die gebotene Vertraulichkeit des Einzelgesprächs verletzen würden. Den Gruppenmitgliedern sollte aber erklärt werden, dass die betreffende Person im Einvernehmen mit den GruppentherapeutInnen die Gruppe verlassen hat, da die Gruppenarbeit ihrer individuellen Situation nicht gerecht werden konnte. Es ist wichtig, dabei zu betonen, dass die Gründe hierfür nicht in der bisherigen gemeinsamen Gruppenarbeit liegen.

Kapitel 14

Fortführung als Selbsthilfegruppe

Nach Ende der Gruppentherapie bietet die Selbsthilfegruppe ein Forum für die Angehörigen, sich weiterhin in der vertrauten Gruppe über Probleme auszutauschen und die erlernten Bewältigungsstrategien zu vertiefen.

14.1 Bedingungen zur Förderung einer Selbsthilfegruppe

Nach dem Prinzip der „Hilfe zur Selbsthilfe" sollte die Gruppenarbeit die Angehörigen zu Experten im Umgang mit ihren Problemen ausbilden. Mit dieser therapeutischen Intention ist der Übergang in eine Selbsthilfegruppe nach Ende des Gruppenprogramms von 25-30 Sitzungen ein angemessener und folgerichtiger Schritt.

Der Verlauf der Gruppentherapie nach dem beschriebenen Setting (siehe Kapitel 8 „Setting"), insbesondere die Kriterien „geschlossene Gruppe" und „Dauer (mind. 20 Sitzungen)", bietet eine hohe Chance, dass eine Selbsthilfegruppe entsteht und über einen längeren Zeitraum von den Angehörigen aufrechterhalten wird. Zwei Bedingungen können als wesentliche Voraussetzungen für die Bildung einer Selbsthilfegruppe formuliert werden:
- eine gewachsene Atmosphäre des Vertrauens in der Gruppe und
- die erlernte Kompetenz von Strategien im Umgang mit problematischen Situationen.

Weiterhin stellt das Einhalten der Gruppenregeln eine wesentliche Voraussetzung für das Funktionieren der Selbsthilfegruppe dar. So erweist es sich diesbezüglich als günstig, wenn die GruppenteilnehmerInnen von den TherapeutInnen modellhaft lernen konnten, dass es nicht toleriert werden darf, wenn TeilnehmerInnen dazwischen- oder durcheinanderreden, nicht zuhören, nicht passende Ratschläge oder gar verletzende Äußerungen gegenüber anderen TeilnehmerInnen geben.

In der Übergangsphase kann es sich als vorteilhaft erweisen, dass die GruppentherapeutInnen bei Fragen oder Problemen ansprechbar sind und/ oder die ersten Minuten an der Gruppe teilnehmen. Die Entspannungsübungen sollten für die Selbsthilfegruppe entfallen, da die hierfür notwendige professionelle Anleitung nicht mehr gegeben ist. Die TeilnehmerInnen können jedoch in diesem Zusammenhang nochmals an die wohltuende Wirkung der Entspannungsübungen erinnert und dazu ermuntert werden, diese in ihre Tages-struktur zu integrieren. Für die Entspannung zu Hause können den Angehörigen Empfehlungen für Entspannungskassetten gegeben werden.

14.2 Organisatorische Voraussetzungen

Als organisatorische Voraussetzung sollten zwei Räume zu den regelmäßigen Gruppenterminen zur Verfügung stehen. Das Angebot einer angeleiteten Betreuungsgruppe sollte auch für die Gruppensitzungen der Selbsthilfegruppe weiterbestehen bleiben.

14.3 Zeitlicher Rahmen

Unserer Erfahrung nach ist der Übergang in eine *stabile* Selbsthilfegruppe nach einem Zeitraum von etwa einem Jahr bei Gruppensitzungen in 14-tägigem Abstand gewährleistet.

Nach Ablauf des hier vorgestellten Gruppenprogramms gründete sich aus einer angeleiteten Angehörigengruppe eine Selbsthilfegruppe, die sich über einen Zeitraum von zwei Jahren im gewohnten 14-tägigen Rhythmus getroffen hat. Dass sich die Angehörigen über einen Zeitraum von mehr als zwei Jahren regelmäßig in der üblichen Frequenz und Dauer (90 Minuten) trafen, kann als Hinweis auf den entlastenden Effekt der Gruppe und deren Bedeutsamkeit für die Angehörigen bewertet werden. Gründe für das Ausscheiden aus der Selbsthilfegruppe waren vor allem der Tod des/der demenzkranken Ehepartners/Ehepartnerin und der damit verbundene Wunsch, nun Abstand von der Gruppe und den besprochenen Themen zu bekommen und sich neu zu orientieren.

Zusammenfassend kann unter Berücksichtigung der genannten Kriterien eine Basis geschaffen werden, die den Angehörigen nun auch ohne therapeutische Anleitung die Möglichkeit gibt, sich gegenseitig auszutauschen und zu unterstützen.

Kapitel 15

Dokumentation und Supervision

Im folgenden Kapitel werden Ziele, Inhalte und Form für eine fortlaufende Dokumentation und Supervision der Gruppensitzungen erläutert. Ziel dieser Maßnahmen ist die Qualitätskontrolle der therapeutischen Arbeit und eine laufende Anpassung des therapeutischen Vorgehens und der Themen an die Bedürfnisse der Angehörigen und den Gruppenprozess.

15.1 Dokumentation der Gruppensitzungen

Die Dokumentation der Gruppensitzungen beinhaltet einerseits die fortlaufende Protokollierung der Gruppensitzungen und andererseits die Bewertung der Sitzungen durch die Gruppenleitung und die TeilnehmerInnen.

- *Protokollierung der Gruppeninhalte und Gruppendynamik*

In den Gruppenprotokollen werden die Inhalte der Gruppenarbeit wie auch wesentliche Aspekte der Gruppendynamik erfasst. Die Protokollierung kann nach dem im Arbeitsblatt Nr. 24 (vgl. S. 125) „Gruppenprotokoll" dargestellten Schema erfolgen.

- *Bewertung der Sitzungen durch die Gruppenleitung*

Die Bewertung der Gruppensitzungen durch die Gruppenleitung kann mittels eines Gruppeneinschätzungsbogens erfolgen, welcher auf Aspekte der Gruppenatmosphäre fokussiert (siehe Arbeitsblatt Nr. 25: „Gruppenevaluationsbogen für die Gruppenleitung", vgl. S. 126). Nach der gemeinsamen Einschätzung der Gruppenatmosphäre diskutiert die Gruppenleitung direkt nach der jeweiligen Sitzung über folgende Punkte:
- Inhalte,
- erreichte Ziele sowie
- Gruppendynamik und
- Wahrnehmungen zu einzelnen TeilnehmerInnen.

Es wird betrachtet, ob sich Absprachen bezüglich der therapeutischen Aufgabenteilung bewährt haben oder Änderungsbedarf besteht. Weiterhin wird aufgrund dieser Diskussion der weitere Verlauf der Gruppenarbeit, insbesondere die nächste Sitzung, geplant (z.B. Inhalte, Umgang mit einzelnen TeilnehmerInnen).

- *Bewertung der Sitzungen durch die Angehörigen*

Die GruppenteilnehmerInnen bekommen, neben dem regelmäßigen Abschlussblitzlicht, alle fünf Gruppensitzungen die Gelegenheit, ihre Meinung zur Gruppenarbeit zu äußern (siehe Arbeitsblatt Nr. 26: „Gruppenevaluationsbogen für die Angehörigen", vgl. S. 127). Die Bewertungen und Verbesserungsvorschläge der Angehörigen können dann gegebenenfalls von der Gruppenleitung aufgegriffen und die weitere Gruppenplanung darauf abgestimmt werden.

15.2 Supervision der Gruppenarbeit

Von einer Supervision können die Gruppenleitung und damit indirekt auch die Angehörigen in mehrfacher Hinsicht profitieren. So kann das gemeinsame therapeutische Vorgehen reflektiert und z.B. überprüft werden, ob die Aufgaben- bzw. Rollenteilung zwischen den beiden TherapeutInnen sinnvoll ist und gelingt. Auch die Übertragung der Gruppenatmosphäre (z.B. Misstrauen), von unausgesprochenen Gefühlen (z.B. Wut) oder von unterschwelligen Konflikten in der Gruppe (z.B. Konkurrenz zwischen den TeilnehmerInnen) auf einzelne TherapeutInnen oder die Beziehung zwischen ihnen kann Inhalt der Supervision sein.

Auch Probleme mit einzelnen TeilnehmerInnen oder bestimmten Themen können in der Supervision thematisiert werden. Schließlich können behandlungstechnische Probleme besprochen und Lösungen für diese erarbeitet werden.

Arbeitsblatt Nr. 24: Gruppenprotokoll

Angehörigengruppe Nr.   – Verlaufsprotokoll

Gruppentermin:

GruppenleiterInnen:

Anwesende Angehörige:

1. Geplantes Thema

2. Formaler Ablauf der Gruppe

3. Angesprochene Themen

4. Gruppendynamik und Gruppenatmosphäre
   a) besonders einflussreiche TeilnehmerInnen
   b) besonders zurückgezogene TeilnehmerInnen
   c) besondere Störungen durch TeilnehmerInnen

5. Probleme einzelner TeilnehmerInnen

6. „Abschluss-Blitzlicht"
   Was hat Ihnen die heutige Gruppenstunde persönlich gegeben?
   GruppenteilnehmerIn/Bewertung:

7. Probleme der Gruppenleitung

Arbeitsblatt Nr. 25

Gruppenevaluationsbogen für die Gruppenleitung								
„Gruppenatmosphäre"								
ruhig	1	2	3	4	5	6	7	unruhig
berührt	1	2	3	4	5	6	7	sachlich
traurig	1	2	3	4	5	6	7	hoffnungsvoll
misstrauisch	1	2	3	4	5	6	7	vertrauensvoll
ablehnend	1	2	3	4	5	6	7	solidarisch
ängstlich	1	2	3	4	5	6	7	entspannt
geschlossen	1	2	3	4	5	6	7	zerrissen

Aus: Wilz, Adler, Gunzelmann: Gruppenarbeit mit Angehörigen von Demenzkranken, © Hogrefe-Verlag, Göttingen (2001).

Arbeitsblatt Nr. 26

Gruppenevaluationsbogen für die Angehörigen

Ihre Meinung zur letzten Gruppensitzung

Gruppe: _____   Termin: _____   Datum: _____

Uns interessiert Ihre Meinung zur letzten Gruppensitzung. Bitte kreuzen Sie auf den folgenden Skalen an, wie Sie die Gruppensitzung einschätzen und beantworten Sie die untenstehenden Fragen. Vielen Dank!

1. Hat Ihnen die Gruppensitzung etwas gegeben?

0_____0_____0_____0_____0

| sehr | viel | weder | wenig | sehr |
| viel | | noch | | wenig |

2. Wie wohl haben Sie sich in der Gruppensitzung gefühlt?

0_____0_____0_____0_____0

| sehr | eher | weder | eher | sehr |
| wohl | wohl | noch | unwohl | unwohl |

3. Wie entlastend/belastend haben Sie die letzte Gruppensitzung erlebt?

0_____0_____0_____0_____0

| sehr | entlastend | weder | belastend | sehr |
| entlastend | | noch | | belastend |

4. Was hat Ihnen an der letzten Gruppensitzung nicht gefallen?

_____

_____

_____

5. Was hat Ihnen an der letzten Gruppensitzung gut gefallen?

_____

_____

_____

6. Welche Wünsche haben Sie für die folgenden Gruppensitzungen?

_____

_____

_____

Literatur

Adler, C., Gunzelmann, T., Machold, C., Schumacher, J. & Wilz, G. (1996). Belastungserleben pflegender Angehöriger von Demenzpatienten. *Zeitschrift für Gerontologie und Geriatrie, 29,* 143-149.

Alzheimer Gesellschaft Baden-Württemberg (Hrsg.) 1997. *Betreuungsgruppen.*

Basler, H.-D. & Kröner-Herwig, B. (1995). *Psychologische Therapie bei Kopf- und Rückenschmerzen.* München: Quintessenz.

Bauer, J. (1994). *Die Alzheimer-Krankheit. Neurobiologie, Psychosomatik, Diagnostik und Therapie.* Stuttgart/New York: Schattauer.

Bayer-Feldmann, C. & Greifenhagen, A. (1995). Gruppenarbeit mit Angehörigen von Alzheimer-Kranken – ein systemischer Ansatz. *Psychotherapie, Psychosomatik, Medizinische Psychologie, 45,* 1-7.

Beck, A. T., Rush, A. J., Shaw, B. F. & Emery, G. (1981). *Kognitive Therapie der Depression.* München: Urban und Schwarzenberg.

Berchem, F. (1996). *Das große Buch vom Gehirn-Jogging.* München: Mosaik-Verlag.

Bickel, H. (1996). Pflegebedürftigkeit im Alter. Ergebnisse einer populationsbezogenen retrospektiven Längsschnittstudie. *Das Gesundheitswesen, 58,* Sonderheft 1, 56-62.

Blenkner, M. (1965). Social work and family relationship in later life with some thoughts on filial maturity. In: E. Shanas & G. F. Streib (Eds.) *Social structure and the family.* Angelwood Cliffs NJ: Prentice Hall, pp. 68-95.

Blom, M. & Duijnstee, M. (1999). *Wie soll ich das nur aushalten? Mit dem Pflegekompaß die Belastung pflegender Angehöriger einschätzen.* Bern: Huber.

Bodenmann, G. (1997). Streß und Coping als Prozeß. In C. Tesch-Römer, C. Salewski & G. Schwarz (Hrsg.) *Psychologie der Bewältigung,* 74-92. Weinheim: Beltz.

Bourgeois, M., Schulz, R. & Burgio, L. (1996). Interventions for caregivers of patients with Alzheimer's Disease: A review and analysis of content, process, and outcomes. *International Journal of Aging and Human Development, 43,* 35-92.

Brähler, E. & Scheer, J. (1995). *Der Gießener Beschwerdebogen GBB.* Bern: Huber.

Bruder, J. (1988). Filiale Reife – ein wichtiges Konzept für die familiäre Versorgung kranker, insbesondere dementer alter Menschen. *Zeitschrift für Gerontopsychologie und -psychiatrie, 1,* 95-101.

Bruder, J. (1990) Alterspsychotherapie und Angehörigenarbeit. In: R. D. Hirsch (Hrsg.) *Psychotherapie im Alter,* 73-82. Bern: Huber.

Bruder, J. (1996). *Vergessen und Traurigkeit.* Funkkolleg Altern. Studieneinheit 8. Tübingen: DIFF.

Buijssen, H. (1997). *Senile Demenz.* Weinheim: Beltz.

Burr, W. R. & Klein, S. (1994). *Managing family stress.* Newbury Park: Sage.

Clipp, E. C. & George, L. (1990). Psychotropic drug use among caregivers of patients with dementia. *Journal of the American Geriatrics Society, 38,* 227-235.

Coen, R. F. & Swanwick, G. R. (1997). Behaviour disturbance and other predictors of carer burden in Alzheimer's disease. *International Journal of Geriatric Psychiatry, 12,* 331-336.

D'Zurilla, T.J. & Goldfried, M.R. (1971). Problem solving and behavior modification. *Journal of Abnormal Psychology, 78,* 107-126.

Dirksen, W., Matip, E.-M. & Schulz, Ch. (1999). *Wege aus dem Labyrinth der Demenz.* Münster: BAGA/Alexianer Krankenhaus GmbH.

Domdey, C. (1996). *Der dementiell erkrankte Mensch in der Familie: Anregungen zum verstehenden Umgang und Aspekte der Betreuung.* Köln: Kuratorium Deutsche Altershilfe.

Dunker, D. (1994). Kunsttherapie bei Demenzkranken. In: R.D. Hirsch (Hrsg.) *Psychotherapie bei Demenzen,* 167-171. Darmstadt: Steinkopff.

Ellis, A. (1977). *Die Rational-emotive Therapie.* Das innere Selbstgespräch bei seelischen Problemen und seine Veränderung. München: Pfeiffer.

Feil, N. (1990). *Validation.* Ein neuer Weg zum Verständnis alter Menschen. Wien: DelleKarth.

Fliegel, S. (1994).*Verhaltenstherapeutische Standardmethoden: Ein Übungsbuch.* Weinheim: Beltz.

Frölich, L., Kratzsch, T., Ihl, R. & Förstl, H. (2000). Diagnose- und Behandlungsleitlinien für die Alzheimer-Demenz (AD). In: P. Calabrese & H. Förstl (Hrsg.). *Psychopathologie und Neuropsychologie der Demenzen,* 11-30. Lengerich: Pabst.

Fuhrmann, I. et al. (1995). *Abschied vom Ich – Stationen der Alzheimer Krankheit.* Freiburg: Herder.

Gilhooly, M.L.M., Sweeting, H.N., Whittick, J.E. & McKee, K. (1994). *Family care of the dementing elderly.* International Review of Psychiatry, 6, 29 – 40.

Goode, K.T., Halye, W.E., Roth, D.L. & Ford, G.R. (1998). Predicting longitudinal changes in caregiver physical and mental health: a stress process model. *Health Psychology, 17,* 190-198.

Görres, S. (1993). Familienpflege und Angehörigenkarrieren. *Zeitschrift für Gerontologie, 26,* 378-385.

Gräßel, E. (1998). Häusliche Pflege dementiell und nicht dementiell Erkrankter. Teil II: Gesundheit und Belastung der Pflegenden. *Zeitschrift für Gerontologie und Geriatrie, 31,* 57-62.

Grotjahn, M. (1955). Analytic therapy with the elderly. In: *Psychoanalytical Review, 42,* S. 419-427.

Gruetzner, H. (1992). *Alzheimersche Krankheit.* Ein Ratgeber für Angehörige und Helfer. Weinheim: Beltz.

Gunzelmann, T. (1991). *Die Versorgung dementiell erkrankter älterer Menschen durch die Familie – Stand der Forschung und Entwicklung eines psychosozialen Beratungskonzeptes.* Unveröffentlichte Inaugural-Dissertation, Friedrich-Alexander-Universität Erlangen-Nürnberg.

Gunzelmann T. & Reiser, H. (2000). Gruppenarbeit mit Demenzpatienten im frühen Krankheitsstadium: Überlegungen zu Zielen und Methoden. In: Deutsche Alzheimer Gesellschaft (Hrsg.). *Fortschritte und Defizite im Problemfeld Demenz.* Referate auf dem 2. Kongress der Deutschen Alzheimer Gesellschaft. Berlin: Deutsche Alzheimer Gesellschaft e.V.

Gunzelmann, T. & Schumacher, J. (1997). Psychologische Betreuungs- und Behandlungskonzepte für Demenzkranke. In: S. Weis & G. Weber (Hrsg.). *Handbuch Morbus Alzheimer. Neurobiologie, Diagnose, Therapie,* 1147-1172. Weinheim: Psychologie Verlags Union.

Gunzelmann, T., Gräßel, E., Adler, C. & Wilz, G. (1996). Demenz im „System Familie". *System Familie, 9,* 22-27.

Gwyther, L. P. & Blazer, D. G. (1990). Family therapy and the dementia patient. *Am Fam Physician 29,* 149-156.

Hahlweg, K. & Kaiser, A. (1996). Kommunikations- und Problemlösetraining. In J. Margraf (Hrsg.). *Lehrbuch der Verhaltenstherapie.* Bd. 1: Grundlagen – Diagnostik – Verfahren – Rahmenbedingungen, 371-385. Berlin: Springer.

Haley, W. E., Roth, D. L., Coleton, M. I., Ford, G. R., West, C. A. C., Collins, R. P., Isobe, T. L. (1996). Special populations – Appraisal, coping, and social support as mediators of well-being in black and white family caregivers of patients with Alzheimer's disease. *Journal of Consulting and Clinical Psychology, 64,* 121-129.

Haupt, M. (1993). Therapeutische Strategien gegen Angst und Aggression bei Demenz. *Zeitschrift für Verhaltensmodifikation und Verhaltensmedizin, 14,* 325-339.

Haupt, M. et al. (1994). Depression in Alzheimer's disease: phenomenological features and association with severity and progression of cognitive and functional impairment. *Internat J Geriat Psychiatr 10,* 469-476.

Hautzinger, M., Stark, W. & Treiber, R. (1989). *Kognitive Verhaltenstherapie bei Depressionen.* Behandlungsanleitungen und Materialien. München: Psychologie Verlags Union.

Hoffmann, N. (1994). Strukturierung des Therapieablaufs. In M. Linden & M. Hautzinger (Hrsg.). *Verhaltenstherapie,* 21-27. Berlin: Springer.

Holzapfel, H. (1990). *Lerntheoretisch orientiertes Hirnleistungstraining. Grundlagen – Programmentwicklung – Manual.* Borgmann.

Johannsen, J. (1994). Beobachtungen und Interventionen bei Dementen und ihrem Bezugssystem aus systemischer Sicht. In: R. D. Hirsch (Hrsg.). *Psychotherapie bei Demenzen,* 197-122. Darmstadt: Steinkopff.

Kessler, J., Denzler, P. & Markowitsch, H.J. (1999). *Demenztest.* Eine Testbatterie zur Erfassung kognitiver Beeinträchtigungen im Alter. Manual. 2., überarbeitete Auflage. Göttingen: Beltz Test GmbH.

Klingenfeld, H. & Bruder, J. (1997). Nichtmedikamentöse Behandlungs- und Betreuungsformen Demenzkranker im Überblick. *fidem aktuell 2/97.*

Knight, B. G., Steven, M. L. & Macofsky-Urban, F. (1993). A Meta-analytic Review of Interventions for Caregiver Distress: Recommendations for Future Research. *The Gerontologist, 33,* 240-248.

Kosberg, J. I. & Cairl, R. E. (1986). The Cost of Care Index: A case management tool for screening informal providers. *The Gerontologist, 26,* 273-278.

Kossak, H.-C. (1993). *Lehrbuch Hypnose,* Kapitel 16, 311-325. Weinheim: Beltz.

Krämer, G. (1995). *Alzheimerkranke betreuen.* Praktische Ratschläge für den Alltag. Stuttgart: Thieme.

Kruse, A. (1990). Die Bedeutung von seelischen Entwicklungsprozessen für die Psychotherapie im Alter. In: R. D. Hirsch (Hrsg.) *Psychotherapie im Alter,* 11-28. Bern: Huber.

Kurz, A. (1997). Klinische Diagnose der Alzheimer-Krankheit. In: S. Weis & G. Weber (Hrsg.). *Handbuch Morbus*

Alzheimer. Neurobiologie, Diagnose, Therapie, 617-643. Weinheim: Psychologie Verlags Union.

Kurz, A. (1999). Der Einfluß von Antidementiva auf den Alltag und das Erleben von Demenzkranken. *Zeitschrift für Gerontologie und Geriatrie, 32,* 167-171.

Lawton, M. P., Moss, M., Kleban, M. H., Glicksman, A. & Rovine, M. (1991). A two-factor model of caregiving appraisal and psychological well-being. *Journal of Gerontology: Psychological Sciences, 45,* 181-189.

Lehrl, S. & Fischer, W. (1986). *Selber denken macht fit.* Grundlagen und Anleitung zum Gehirn-Jogging. Vless.

Margraf, J. (1996). *Lehrbuch der Verhaltenstherapie.* Bd. 1: Grundlagen – Diagnostik – Verfahren – Rahmenbedingungen. Berlin: Springer.

Margraf, J. & Lieb, R. (1995). Was ist Verhaltenstherapie? Versuch einer zukunftsoffenen Neucharakterisierung. *Zeitschrift für Klinische Psychologie, 24,* 1-7.

Marr, D. (1995). *Kunsttherapie bei altersverwirrten Menschen.* Weinheim: Beltz.

Meichenbaum, D. (1977). *Cognitive-behavior modification.* New York: Plenum Press.

Meier, D., Ermini-Fünfschilling, D., Monsch, A. U. & Stähelin, H. B. (1996). Kognitives Kompetenztraining mit Patienten im Anfangsstadium einer Demenz. *Zeitschrift für Gerontopsychologie und -psychiatrie, 9,* 207-217.

Miesen, B. (1996). *„So blöd bin ich noch lange nicht" – was in geistig verwirrten älteren Menschen vorgeht.* Informationen und Hilfe für Angehörige, Freunde und Pflegende. Stuttgart: Thieme.

Möhring, P. & Neraal, T. (1996). Zur Einführung in die psychoanalytisch orientierte Familien- und Sozialtherapie. In: P. Möhring & T. Neraal (Hrsg.). *Psychoanalytisch orientierte Familien- und Sozialtherapie.* Gießen: Psychosozial.

Müller-Schwartz, A. (1994). Musiktherapie mit Demenzkranken. In: R. D. Hirsch (Hrsg.). *Psychotherapie bei Demenzen,* 159-166. Darmstadt: Steinkopff.

Ory, M.G., Hoffman, R.R. 3rd, Yee, J.L., Tennstedt, S. & Schulz, R. (1999). Prevalence and impact of caregiving: a detailed comparison between dementia and nondementia caregivers. *Gerontologist, 39,* 177-185.

Ott, A., Breteler, M.B., van Harskamp, F., Claus, J.J., van der Crammen, T.J.M., Grobbee, D.E. & Hofman, A. (1995). Prevalence of Alzheimer's disease and vascular dementia: Association with education. The Rotterdam study. *British Medical Journal, 310,* 970-973.

Poulaki, S. & Wiegele, B. (1997). Validation: Grundhaltung, Leitbild, Techniken. In: S. Weis & G. Weber (Hrsg.). *Handbuch Morbus Alzheimer.* Neurobiologie, Diagnose, Therapie, 1293-1303. Weinheim: Psychologie Verlags Union.

Pullwitt, D.H., Seibert, C. & Fischer, G.C. (1996). Gesundheitliche Beschwerden pflegender Frauen durch „störendes Verhalten" der Gepflegten? *Psycho, 22,* 860-868.

Quayhagen, M.P. & Quayhagen, M. (1988). Alzheimer's stress: Coping with the caregiving role. *Gerontologist, 2,* 391-396.

Radebold, H. (1992). *Psychodynamik und Psychotherapie Älterer.* Berlin: Springer.

Rehfisch, H. P., Basler, H.-D. & Seemann, H. (1989). *Psychologisches Schmerzbehandlungsprogramm für Rheumapatienten.* Berlin: Springer.

Renner, M.J. & Rosenzweig, M.R. (1987). *Enriched and impoverished environments*. Effects on brain and behavior. Reihe „Recent Research in Psychology". New York: Springer.

Richard, N. (1996). Integratives validierendes Arbeiten. In: C. Wächtler et al. (Hrsg.). *Demenz*. Die Herausforderung, 215-224. Singen: Verlag Egbert Ramin.

Richarz, B. (1996). *Psychodynamische und gruppendynamische Aspekte einer Alzheimer-Demenz*. Dynamische Psychiatrie, 29, 101-115.

Rigling, P. (1988). *Hirnleistungstraining*. Übungen zur Verbesserung der Konzentrationsfähigkeit. Verlag modernes Lernen.

Robinson, K. M. (1989). Predictors of depression among wife caregivers. *Nursing research, 38,* 359-363.

Romero, B. (1991). Gruppen für Angehörige dementer alter Menschen. Ziele, Vorgehensweisen und Erfahrungen. In: G. Haag & J. C. Brengelmann (Hrsg.). *Alte Menschen*. Ansätze psychosozialer Hilfen (IFT-Texte 23). München: Gerhard Röttger.

Romero, B. (1997). Selbst-Erhaltungs-Therapie (SET). Betreuungsprinzipien, psychotherapeutische Interventionen und Bewahren des Selbstwissens bei Alzheimer-Kranken. In: S. Weis. & G. Weber (Hrsg.). *Handbuch Morbus Alzheimer*. 1209-1251. Weinheim: Psychologie Verlags Union.

Schmidt, G. (1999). *Gedächtnistraining für Senioren*, 4. Auflage. München: Don Bosco.

Schlippe, v. A. (1987). Familientherapie im Überblick. *Integrative Therapie, Beiheft 6*. Junfermann: Paderborn.

Schröppel, H. (1992). „*... von wegen Rabentöchter"*. Der Pflegenotstand in Familien mit altersverwirrten Angehörigen. Augsburg: Waschzettel Verlag A. Möckl.

Schulz, R. & Williamson, G. M. (1991). A 2-year longitudinal study of depression among Alzheimer's caregivers. *Psychology and Aging, 6,* 569-578.

Schwerd, W. (1996). Familientherapeutische Arbeit mit älteren akut erkrankten Patienten. In: P. Möhring & T. Neraal (Hrsg.). *Psychoanalytisch orientierte Familien- und Sozialtherapie*. Gießen: Psychosozial-Verlag.

Shields, C.G. (1992). Family interaction and caregivers of Alzheimer's disease patients: Correlations of depression. *Family Process, 31,* 19-33.

Stengel, F. (1996). *Heitere Gedächtnisspiele im Großdruck*. Stuttgart: memo Verlag Hedwig Ladner.

Stommel, M., Given, C. W. & Given, B. (1990). Depression as an overriding variable explaining caregiver burden. *Journal of Aging and Health, 2,* 81-102.

Stoppe, G. & Staedt, J. (1999). Psychopharmakotherapie von Verhaltensstörungen bei Demenzkranken. Zeitschrift für *Gerontologie und Geriatrie, 32,* 153-158.

Stoppe, G. (2000). Depression und Alzheimer-Demenz. In: Calabrese, P. & Förstl, H. (Hrsg.). *Psychopathologie und Neuropsychologie der Demenzen*, 68-86. Lengerich: Pabst.

Toseland, R.W. & Rossiter, C.M. (1989). Group interventions to support family caregivers: A review and analysis. *The Gerontologist, 29,* 438-448.

Toseland, R.W., Rossiter, C.M. & Labreque, M.S. (1989). The effectiveness of peer-led and professionally led groups to support family caregivers. *The Gerontologist, 29,* 465-471.

Vetter, P., Krauss, S., Kropp, P. & Moeller (1997). Belastung der Angehörigen und Inanspruchnahme von Hilfen bei Alzheimerscher Krankheit. *Zeitschrift für Gerontopsychologie und -psychiatrie, 10,* 175-183.

Vitaliano, P. P., Russo, J., Young, H. M., Teri, L. & Maiuro, R. D. (1991). Predictors of burden in spouse caregivers of individuals with Alzheimer's disease. *Psychology and Aging, 6,* 392-402.

Weis, S. & Weber, G. (Hrsg.) (1997). *Handbuch Morbus Alzheimer*. Weinheim: Beltz.

Wernicke, T.F. & Reischies, F.M. (1994). Prevalence of dementia in old age: Clinical diagnosis in subjects aged 95 years and older. *Neurology, 44,* 250 – 253.

Wilcox, S. & King, A.C. (1999). Sleep complaints in older women who are family caregivers. *Journals of Gerontology (Series B: Psychological Sciences and Social Sciences), 54,* 189-198.

Williamson, G. M. & Schulz, R. (1993). Coping with specific stressors in Alzheimer's disease caregiving. *Gerontologist, 33,* 747-755.

Wilz, G. & Brähler, E. (Hrsg.). (1997). *Tagebücher in Therapie und Forschung*. Göttingen: Hogrefe.

Wilz, G. (2000). Bewältigungsprozesse von pflegenden Angehörigen. *Psychomed, 4,* 217-223.

Wilz, G. (im Druck). *Pflegende Angehörige von Demenzkranken – Eine Tagebuchstudie*. Göttingen: Hogrefe.

Wilz, G., Adler, C., Gunzelmann, T. & Brähler, E. (1997). Konzeption, Durchführung und Auswertung von Tagebuchstudien am Beispiel pflegender Angehöriger von Demenzkranken. In: G. Wilz & E. Brähler (Hrsg.). *Tagebücher in Therapie und Forschung*, 79-116. Göttingen: Hogrefe Verlag für Psychologie.

Wilz, G., Adler, C., Gunzelmann, T. & Brähler, E. (1999). Auswirkungen chronischer Belastungen auf die physische und psychische Befindlichkeit – Eine Prozeßanalyse bei pflegenden Angehörigen von Demenzkranken. *Zeitschrift für Gerontologie und Geriatrie, 32,* 255-265.

Wilz, G., Gunzelmann, T., Adler, C. & Brähler, E. (1998). Gruppenprogramm für pflegende Angehörige von Demenzkranken. *Zeitschrift für Gerontopsychologie und -psychiatrie, 11,* 97-107.

Wortman, C. B. (1984). Handlungskontrolle und Bewältigung. In: J. Kuhl & J. Beckmann (Hrsg.). *Action control*. From cognition to behavior, 151-180. Berlin: Springer.

Wright, L. K. (1994). Alzheimer's disease afflicted spouses who remain at home: Can human dialectics explain the findings? *Journal of Personality and Social Psychology, 38,* 1037-1046.

Yalom, I. (1975). *Theory and Practice of Group Psychotherapy*. New York: Basic Books.

Zarit, S.H., Orr, N.K. & Zarit, M. (1985). *The hidden victims of Alzheimer's disease*. Families under stress. New York: New York University Press.